Barbara Sander

KINDER-SACHEN STRICKEN

ohne Schnickschnack

Mit 5 Labels aus veganem Leder

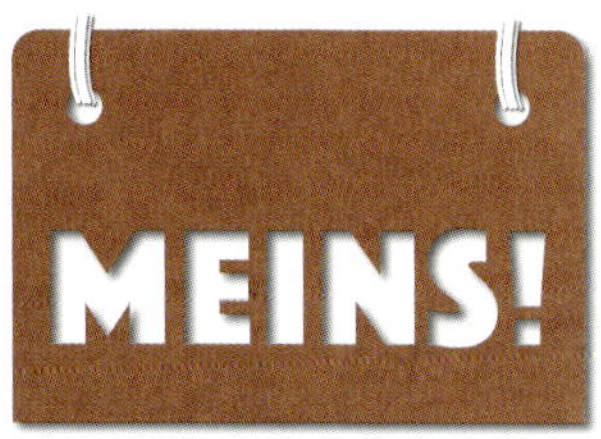

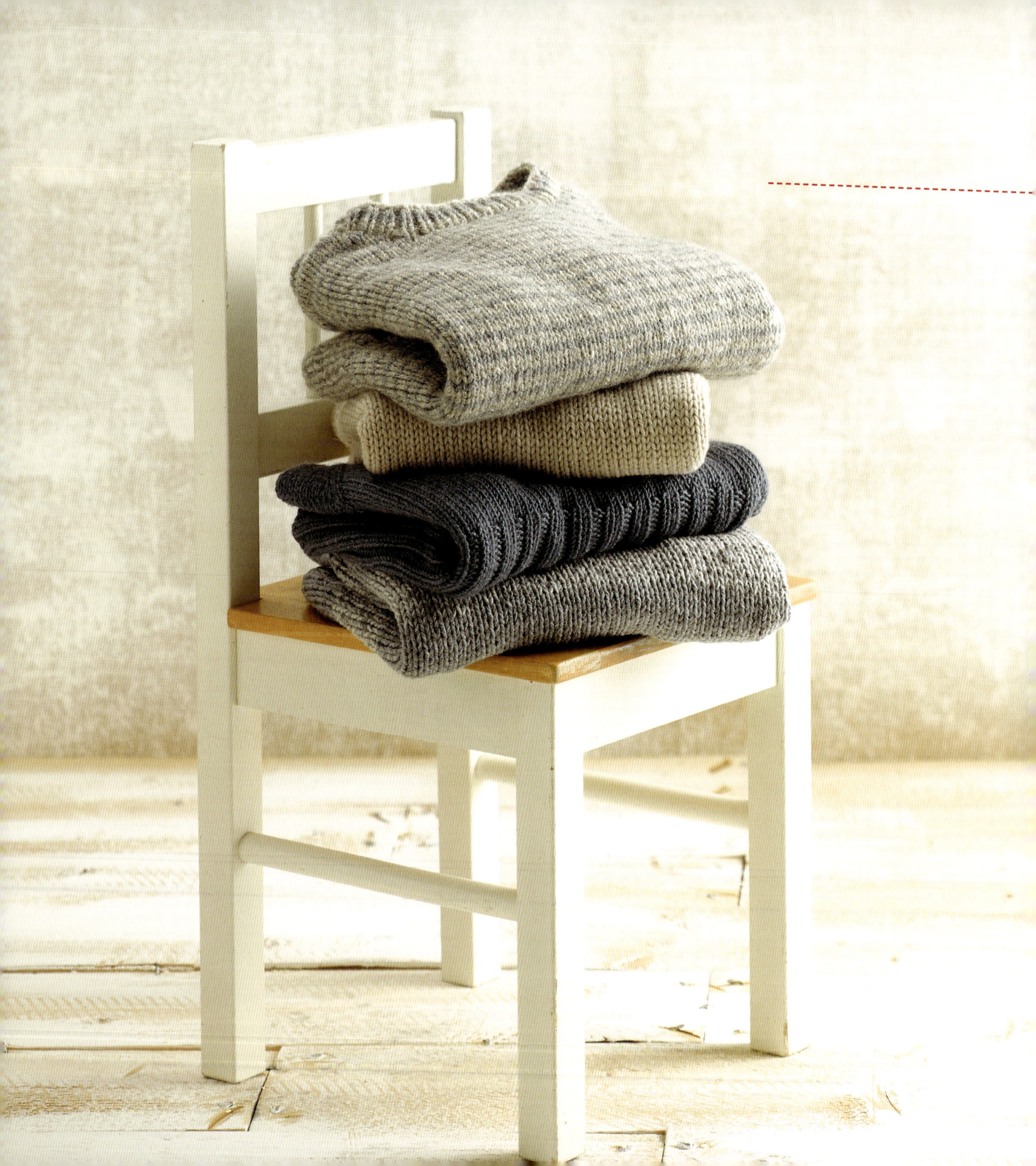

Endlich ein Buch mit Stricksachen, die Kinder lieben werden!

Hier kratzt nichts oder engt ein, alles ist weich und bequem. Die schlichten, zeitgemäßen Pullover, Strickjacken, Schals, Mützen und Socken werden Kindergarten- und Grundschulkinder (und ihre Mamas) begeistern. Ganz ohne Schnickschnack und absolut alltagstauglich – perfekt zum Kombinieren mit selbstgemachter oder auch gekaufter Kleidung.

Die modernen Designs lassen zudem viel Platz für eigene Ideen. Farben und Details können nach persönlichen Vorlieben abgewandelt werden, sodass für jedes Mädchen und jeden Jungen DAS perfekte Teil entsteht. So ist die Garderobe ganz schnell mit Lieblingsstücken aufgefüllt.

Dank der ausführlichen Anleitungen gelingt das Nachstricken auch Anfängerinnen. So macht das Stricken Spaß und Lust auf mehr!

PULLOVER UND JACKEN

MÜTZEN UND SCHALS

SOCKEN

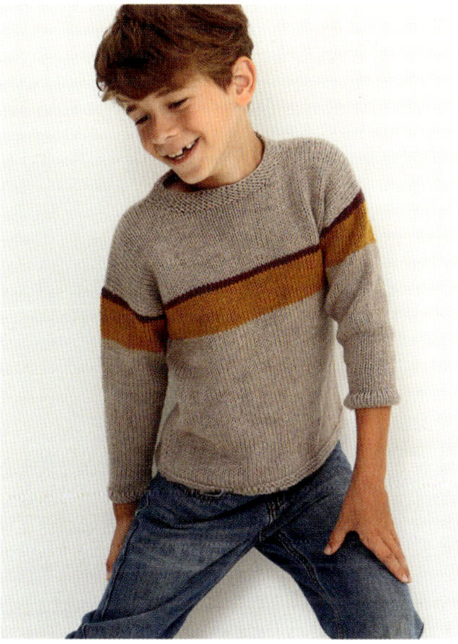

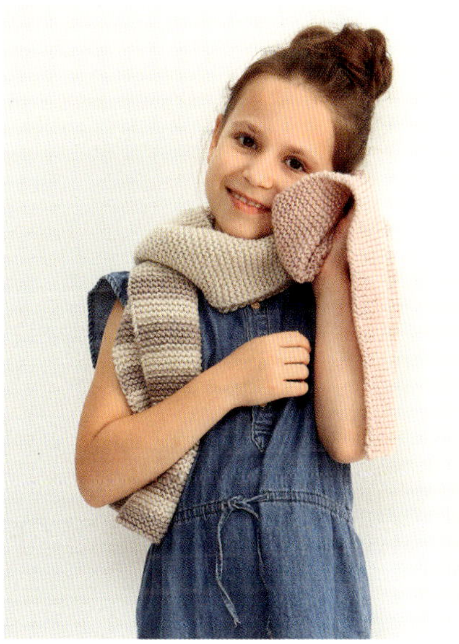

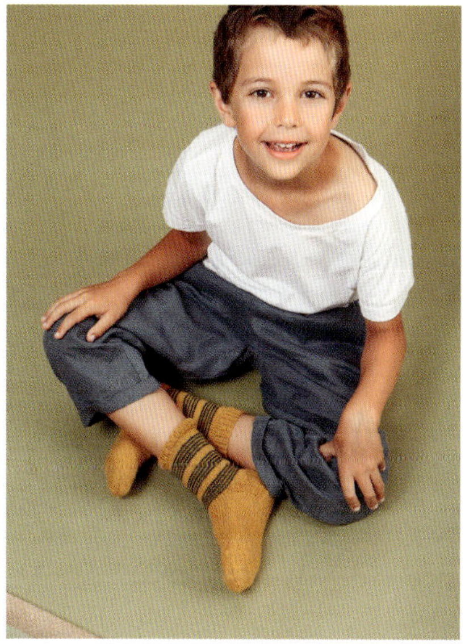

GRUNDLAGEN

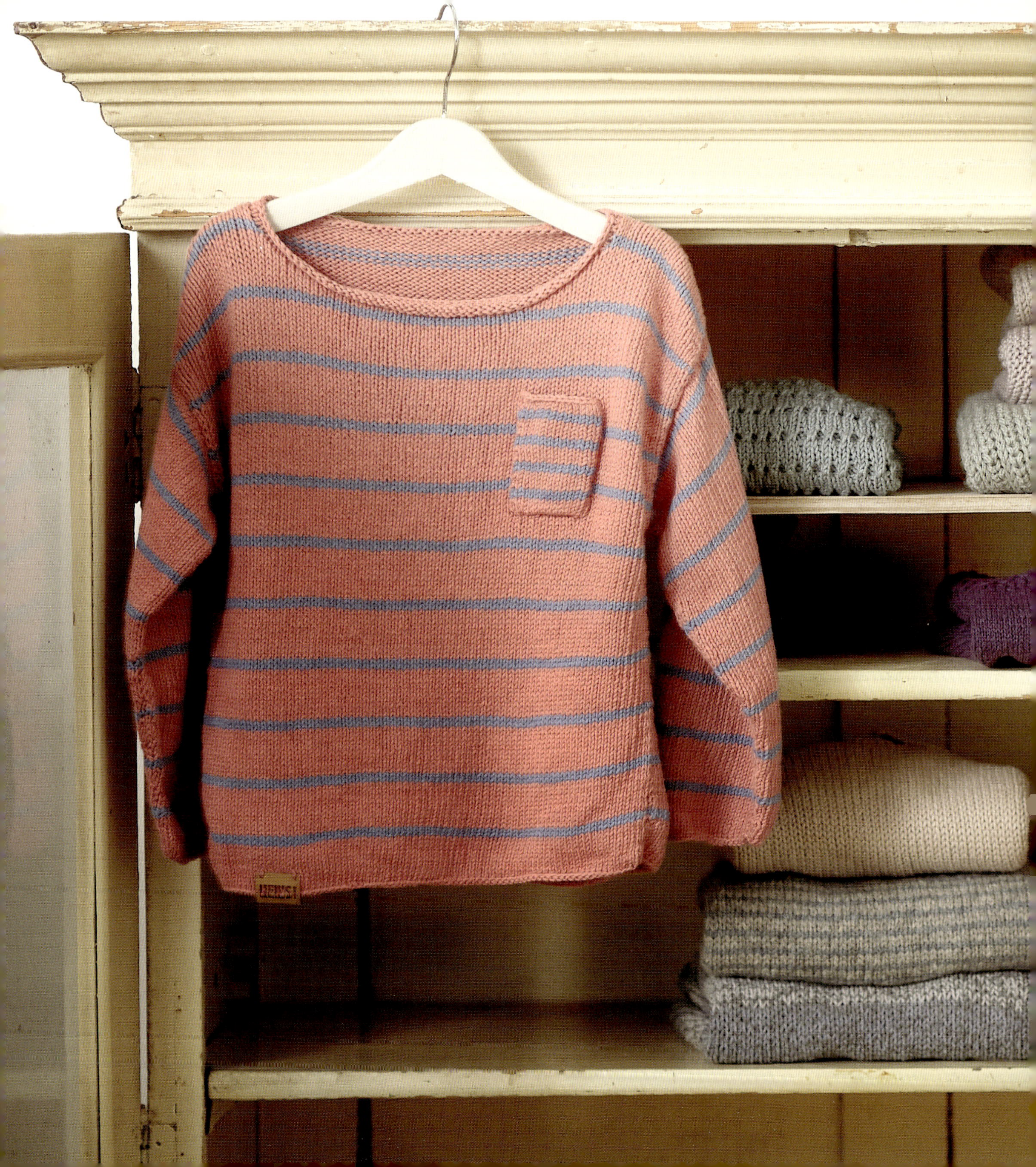

Pullover und Jacken

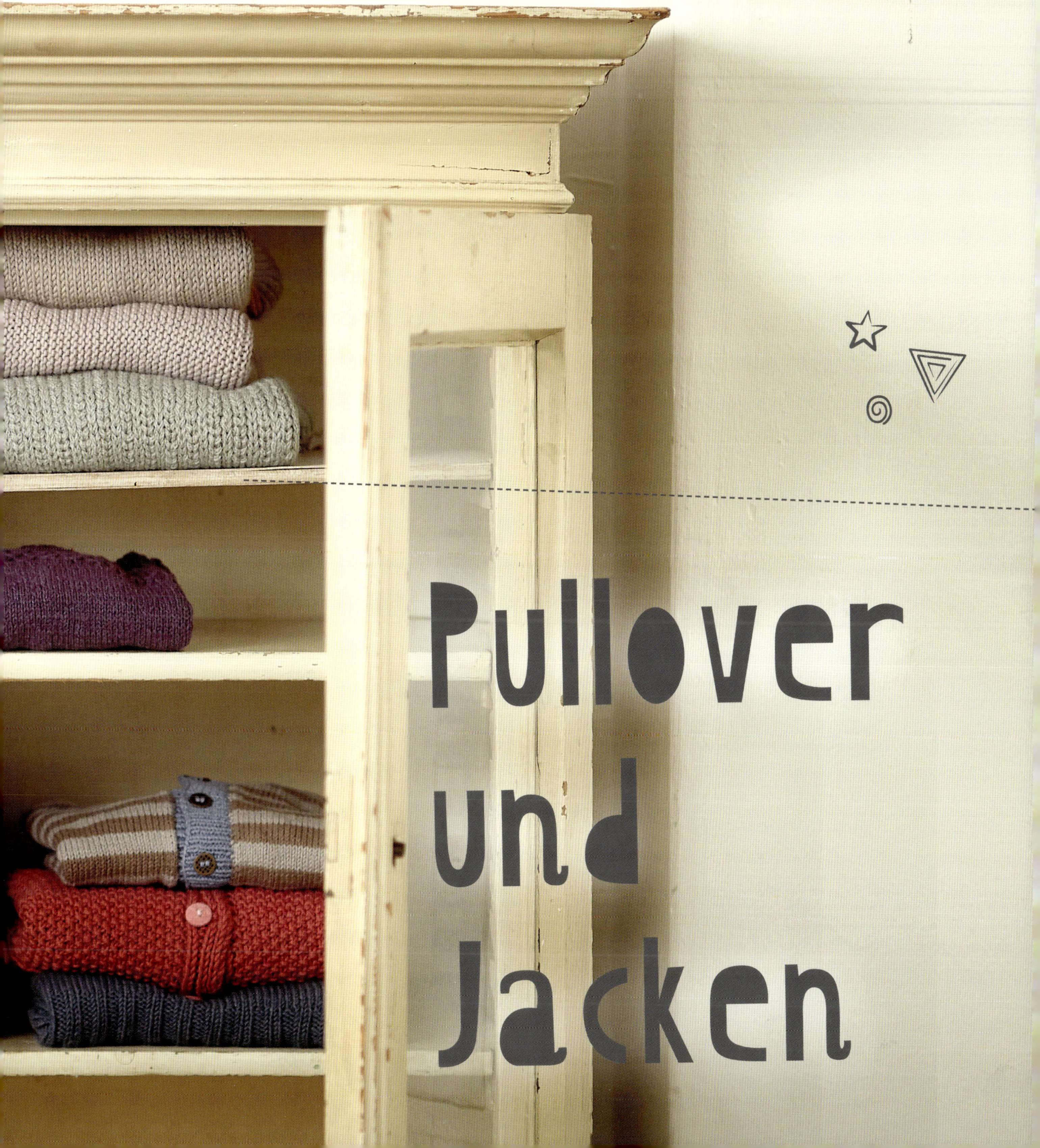

#funfact

Pullover im Ringelmuster

Schwierigkeitsgrad 1

Größen

98-104/110-116/122-128/134-140

Die Angaben für Größe 98-104 stehen vor dem 1. Schrägstrich, die Angaben für Größe 110-116 stehen nach dem 1. Schrägstrich, die Angaben für Größe 122-128 stehen nach dem 2. Schrägstrich und die Angaben für Größe 134-140 stehen nach dem 3. Schrägstrich. Steht nur eine Angabe, so gilt diese für alle Größen.

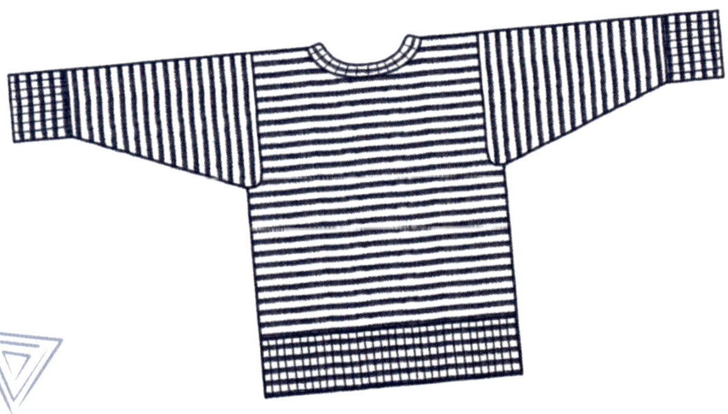

Material

* Lana Grossa Landlust Merino 120 (LL 120 m/50 g) in Leinen (Fb 128), 100/150/200/250 g und Blaugrau (Fb 125), 50/100/100/150 g
* Rundstricknadel 6,0 mm, 60 cm lang
* Nadelspiel 6,0 mm
* Wollnadel

Maschenprobe

Glatt rechts mit Nd 6,0 mm
18 M und 25 R = 10 cm x 10 cm

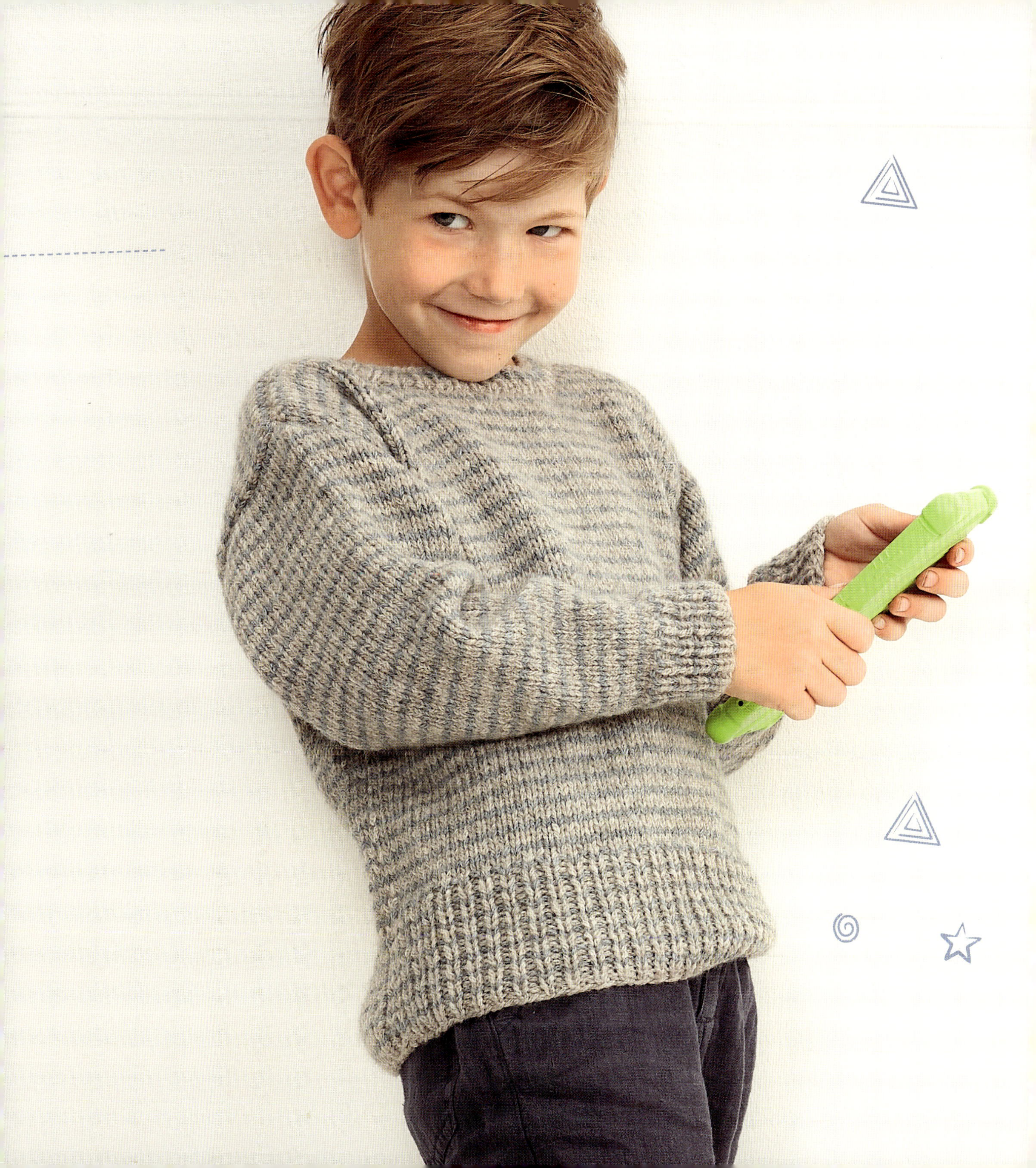

Rippenmuster

1 M rechts, 1 M links im Wechsel str.

Glatt rechts

In Hinr rechte M, in Rückr linke M str.

Streifenfolge

2 R Leinen, 1 R Jeansblau im Wechsel str.

ANLEITUNG

Damit der Arbeitsfaden nicht immer abgeschnitten und neu angesetzt werden muss, nach der R in Jeansblau die M über das Seil der Rundstricknd wieder zurückschieben und mit dem Faden in Leinen weiterarb. Ebenso nach der 2. R in Leinen verfahren und den Faden in Jeansblau wieder aufnehmen. Dabei werden dann 2 Hinr oder 2 Rückr nacheinander gestrickt.

Rückenteil

In Leinen 58/66/74/82 M anschl und im Rippenmuster str, dabei die Steifenfolge einhalten. In 7/8/9/10 cm Höhe glatt rechts weiterstr, die Streifenfolge beibehalten. In 25/27/29/31 cm Höhe für die Armausschnitte beidseitig am R-Beginn 1x 2 M und 1x 1 M abk (= 52/60/68/76 M). In 39/42/45/48 cm Höhe die mittleren 22/24/28/30 M abk und die Seiten getrennt beenden. Für die Rundung des Ausschnitts an der inneren Kante noch jeweils 1x 2 M abk (= 13/16/18/21 M) und das Rückenteil in 41/44/47/50 cm Höhe in einer R in Leinen beenden und die M gerade abk. Die 2. Seite gegengleich beenden.

Vorderteil

Zunächst wie das Rückenteil str, aber bereits in 35/38/40/42 cm Höhe den Ausschnitt beginnen. Dafür die mittleren 16/18/22/24 M abk (= 42/48/52/58 M) und die Seiten getrennt beenden. Für die Rundung des Ausschnitts an der inneren Kante noch jeweils 1x 2 M und 3x 1 M abk (= 16/19/21/24 M) und die M der Schulterkante in 41/44/47/50 cm Höhe in einer R in Leinen gerade abk. Die 2. Seite gegengleich beenden.

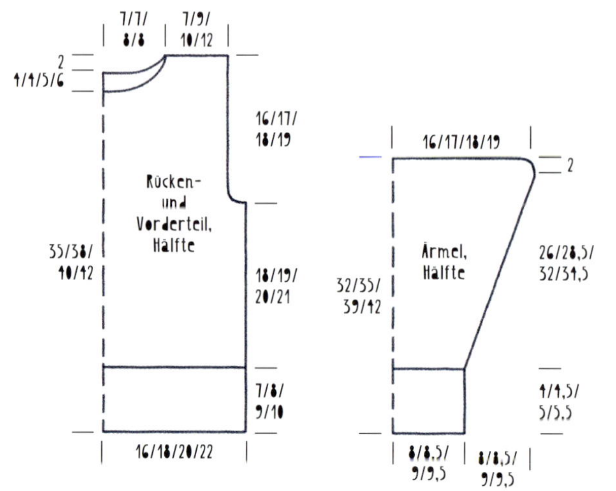

Ärmel (2x)

In Leinen 28/30/32/34 M anschl und im Rippenmuster str, dabei die Streifenfolge einhalten. In 4/4,5/5/5,5 cm Höhe glatt rechts in der Streifenfolge weiterstr. Für die Ärmelschrägung beidseitig in jeder 4. R 10x 1 M zunehmen, weiter in jeder 6. R 4x/5x/6x/7x 1 M zunehmen (= 56/60/64/68 M). In 30/33/37/40 cm Höhe für die Rundung der oberen Kante beidseitig noch 2x 1 M abk (= 52/56/60/64 M) und in 32/35/39/42 cm Höhe die M in einer R in Leinen gerade abk. Den 2. Armel genauso str.

Fertigstellen

Alle Teile anfeuchten und spannen. Die Schulternähte schließen. Für das Halsbündchen aus der Kante des Halsausschnitts mit dem Ndspiel in Leinen ca. 64/68/72/76 M herausstr, zur Rd schließen und im Rippenmuster arb, dabei die Streifenfolge einhalten. In 2/2/3/3 cm Höhe die M in Leinen abk. Die Ärmel einsetzen, die Seiten- und Ärmelnähte schließen. Alle Fäden vernähen.

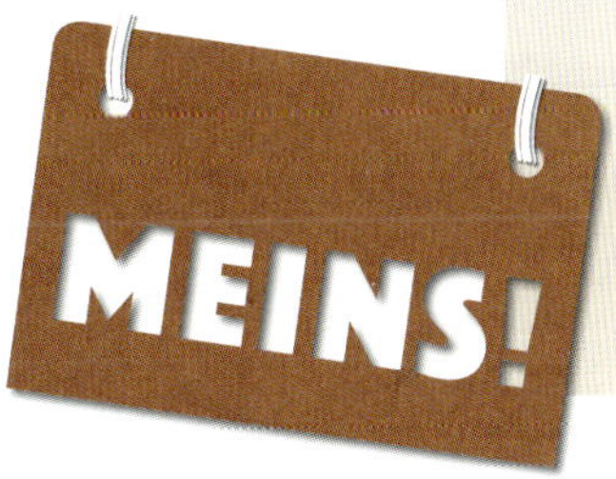

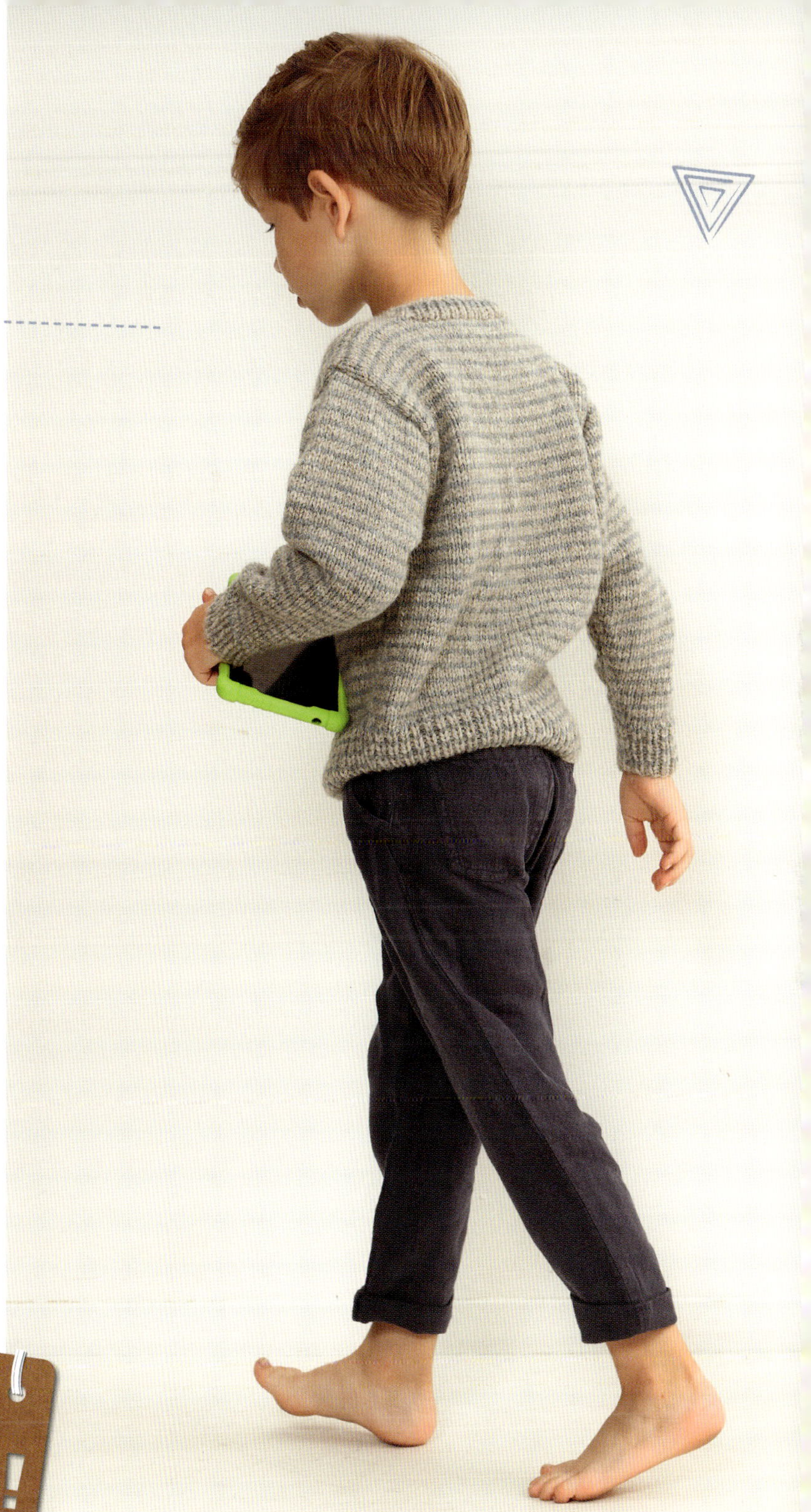

#happyinpink

Cardigan mit aufgesetzten Taschen

Schwierigkeitsgrad 2

Größen

98-104/110-116/122-128/134-140

Die Angaben für Größe 98-104 stehen vor dem 1. Schrägstrich, die Angaben für Größe 110-116 stehen nach dem 1. Schrägstrich, die Angaben für Größe 122-128 stehen nach dem 2. Schrägstrich und die Angaben für Größe 134-140 stehen nach dem 3. Schrägstrich. Steht nur eine Angabe, so gilt diese für alle Größen.

Material

* Lana Grossa Bingo Mélange (LL 80 m/50 g) in Himbeer meliert (Fb 247), 200/200/250/300 g
* Stricknadeln 5,0 mm
* 6/7/7/8 Knöpfe, ø 20 mm
* Wollnadel

Maschenprobe

Glatt rechts mit Nd 5,0 mm
16 M und 23 R = 10 cm x 10 cm

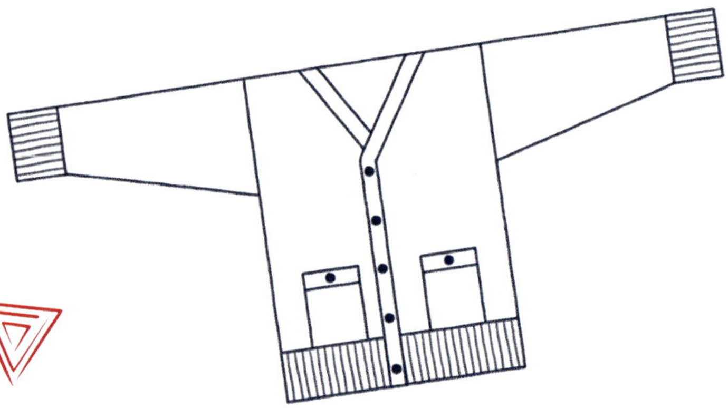

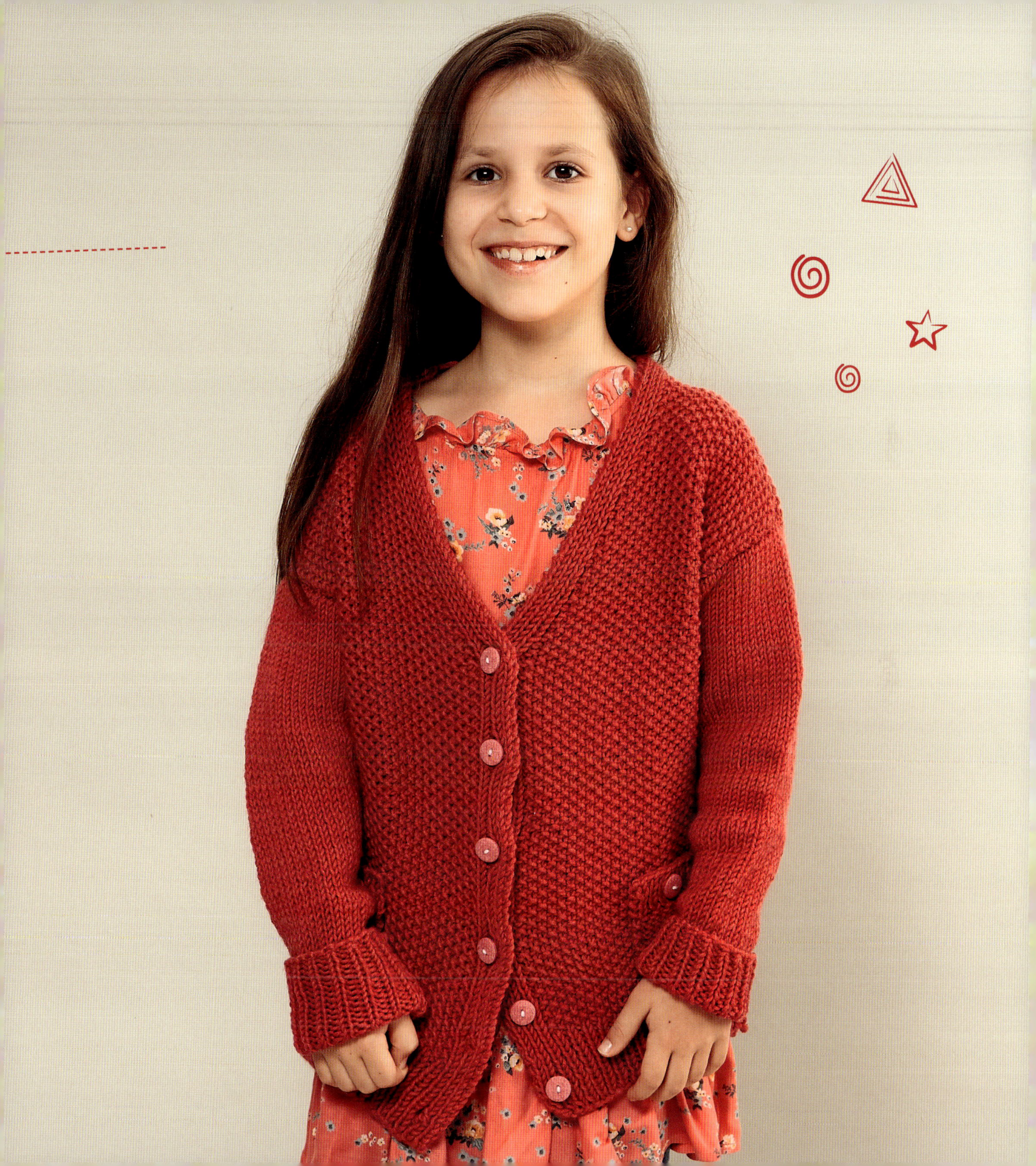

Rippenmuster

1 M rechts, 1 M links im Wechsel str.

Perlmuster

Ungerade M-Zahl

1. R (Hinr): 1 M rechts, 1 M links im Wechsel str, enden mit 1 M rechts.

2. R (Rückr): Wie die 1. R str.

Die 1. und 2. R fortlaufend wdh.

Glatt rechts

In Hinr rechte M, in Rückr linke M str.

Glatt links

In Hinr linke M, in Rückr rechte M str.

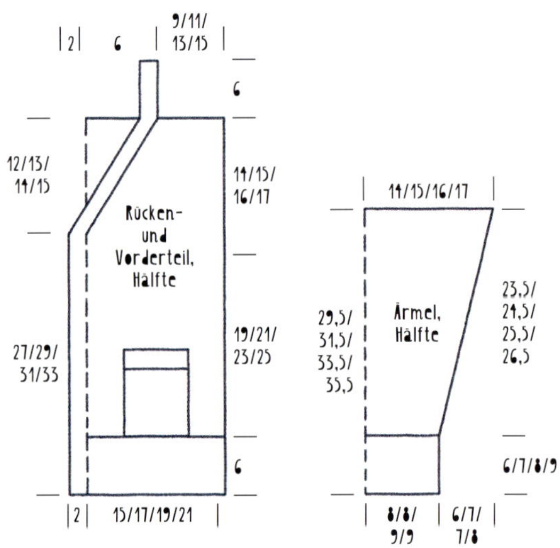

ANLEITUNG

Rücken- und Vorderteile werden im Perlmuster, die Ärmel glatt rechts gestrickt.

Rückenteil

49/55/61/67 M anschl und im Rippenmuster str. In 6 cm Höhe weiter im Perlmuster str. In 39/42/45/48 cm Höhe die M gerade abk.

Rechtes Vorderteil

29/31/34/37 M anschl und im Rippenmuster str. An der linken Kante des Teils die Rdm als Knötchen-Rdm str, also in jeder R rechts str.

In 3 cm Höhe das 1. Knopfloch arb (= in einer Rückr str bis noch 5 M auf der Arbeitsnd sind, weiter 1 U arb, 2 M rechts zusammenstr, und die R zu Ende str. In der folgenden R den U rechts str).

Alle weiteren 3/4/4/5 Knopflöcher im Abstand von 8/6.5/7/6 cm arb. Gleichzeitig in 6 cm Höhe die M in einer Hinr wie folgt einteilen: Rdm, 6 M im Rippenmuster, die restlichen M im Perlmuster str, Rdm.

In 27/29/31/33 cm Höhe die Schrägung für den Halsausschnitt beginnen:

1. R (Hinr): Rdm, 5 M im Rippenmuster str, 2 M links zusammenstr, die R im Perlmuster beenden, Rdm.

2. R (Rückr): Rdm, im Perlmuster str bis noch 7 M auf der Nd sind, 1 M rechts, 5 M im Rippenmuster, Rdm.
3. R (Hinr): Rdm, 5 M im Rippenmuster str, 1 M links, die R im Perlmuster beenden, Rdm.
4. R (Rückr): Rdm, im Perlmuster str bis noch 8 M auf der Nd sind, 2 M rechts zusammenstr, 5 M im Rippenmuster, Rdm.
5. R (Hinr): Wie die 3. R str.
6. R (Rückr): Wie die 2. R str.
Die 1.-6. R wdh, bis noch 19/21/24/27 M auf der Nd sind. Weiter in dieser Einteilung gerade hoch str, bis die Gesamthöhe von 39/42/45/48 cm erreicht ist. Dann in einer Rückr die M abk, bis noch 7 M auf der Nd sind. Im Rippenmuster weiterstr und nach weiteren 6/6/7/7 R die M abk.

Linkes Vorderteil

Das linke Vorderteil gegengleich zum rechten Vorderteil, jedoch ohne Knopflöcher str.

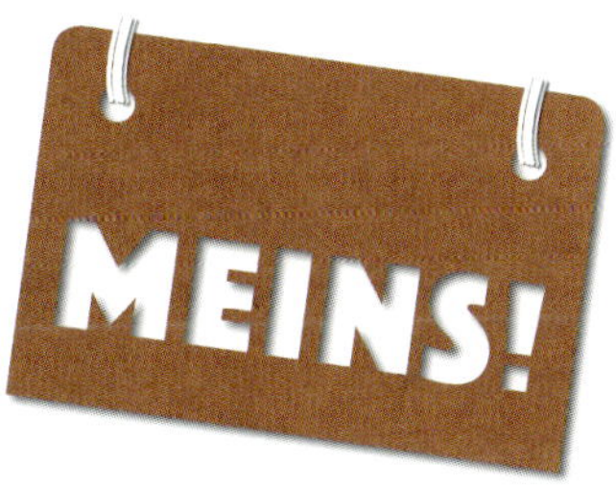

Ärmel (2x)

25/25/29/29 M anschl und im Rippenmuster str. In 6/7/8/9 cm Höhe glatt rechts weiterstr. Für die Ärmelschrägung beidseitig in jeder 4. R 3x/3x/2x/6x 1 M zunehmen, weiter in jeder 6. R 7x/8x/9x/7x 1 M zunehmen (= 45/47/51/55 M). In 29,5/31,5/33,5/35,5 cm Höhe die M gerade abk. Den 2. Ärmel genauso str.

Taschenbeutel (2x)

13 M anschl und glatt links str, dabei die Rdm wie zuvor als Knötchen-Rdm arb. In 7 cm Höhe im Rippenmuster weiterstr, dabei nach 2 R ein Knopfloch str. In 9 cm Höhe die M gerade abk. Den 2. Taschenbeutel genauso str.

Fertigstellen

Alle Teile anfeuchten und spannen. Die Taschenbeutel auf die Vorderteile nähen, dabei die untere Kante in 6 cm Höhe setzen, der Abstand von der Seitenkante ist 3 cm. Die Schulternähte schließen, die angestrickte Blende auf die hintere Kante des Halsausschnittes nähen und die Mittelnaht schließen. Die Ärmel einsetzen und die Seitennähte und die Ärmelnähte schließen. Die Knöpfe an das linke Vorderteil und an die Taschen annähen.

#jumpforce

Blockstreifen-Pullover in Ombré-Technik

Schwierigkeitsgrad 1

Größen

98-104/110-116/122-128/134-140

Die Angaben für Größe 98-104 stehen vor dem 1. Schrägstrich, die Angaben für Größe 110-116 stehen nach dem 1. Schrägstrich, die Angaben für Größe 122-128 stehen nach dem 2. Schrägstrich und die Angaben für Größe 134-140 stehen nach dem 3. Schrägstrich. Steht nur eine Angabe, so gilt diese für alle Größen.

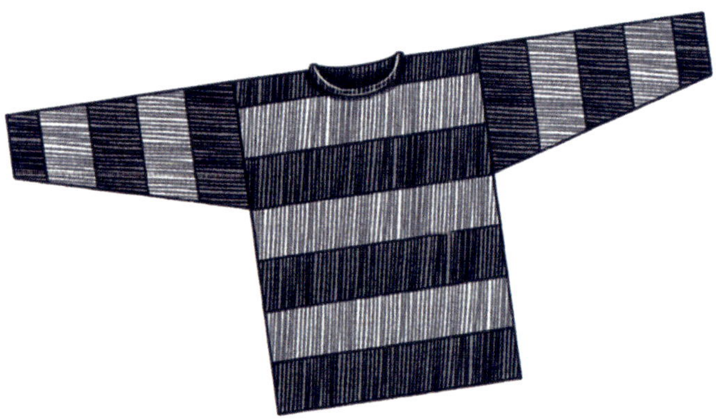

Material

* Schachenmayr Peach Cotton (LL 175 m/50 g) in Hellgrau (Fb 190), 100/100/150/150 g, Dunkelgrau (Fb 198), 150/200/200/250 g und Jeansblau (Fb 158), 100/100/150/150 g
* Stricknadeln 5,0 mm
* Nadelspiel 5,0 mm
* Wollnadel

Maschenprobe

Glatt rechts mit Nd 5,0 mm
und doppeltem Faden
17 M und 24 R = 10 cm x 10 cm

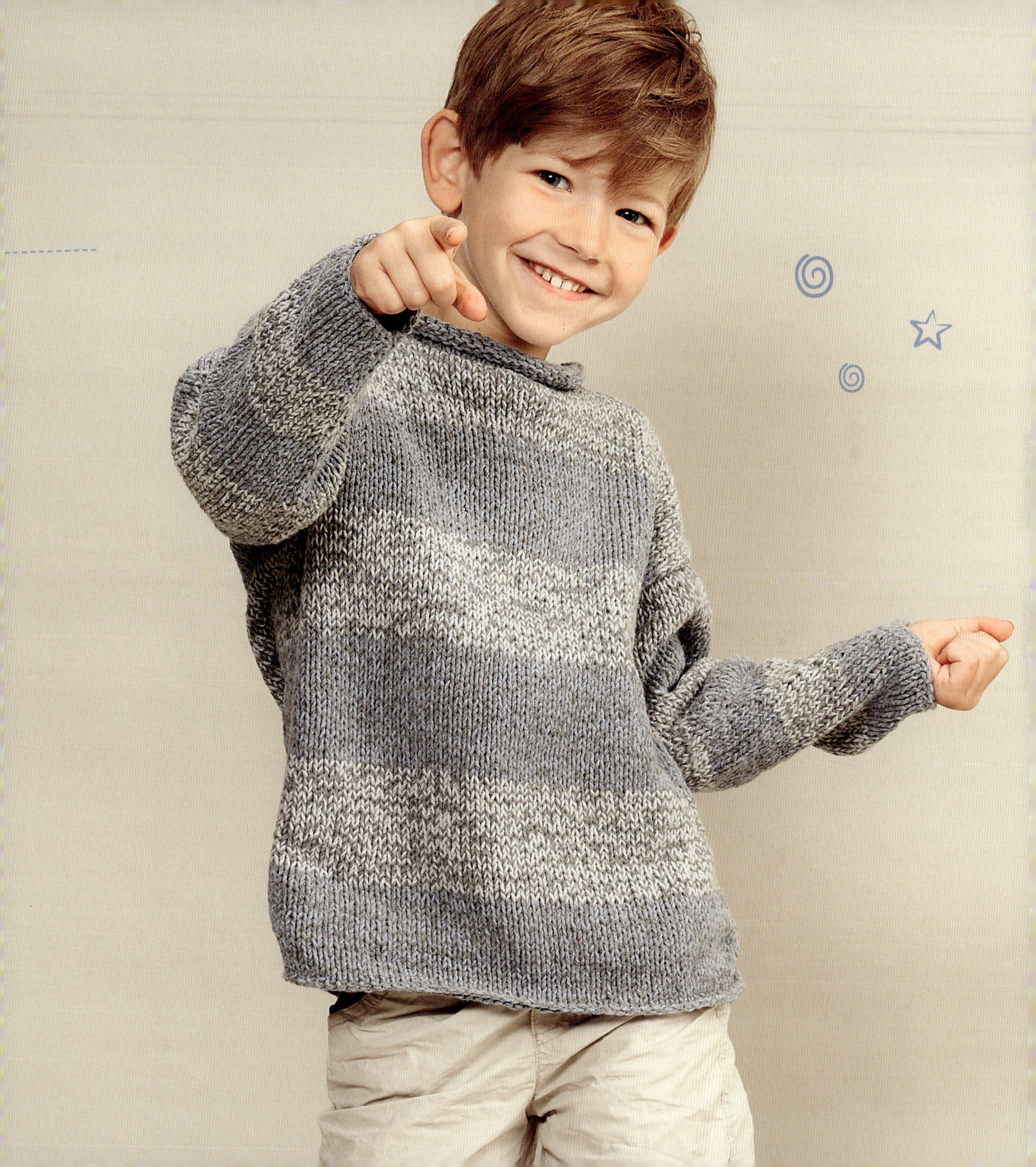

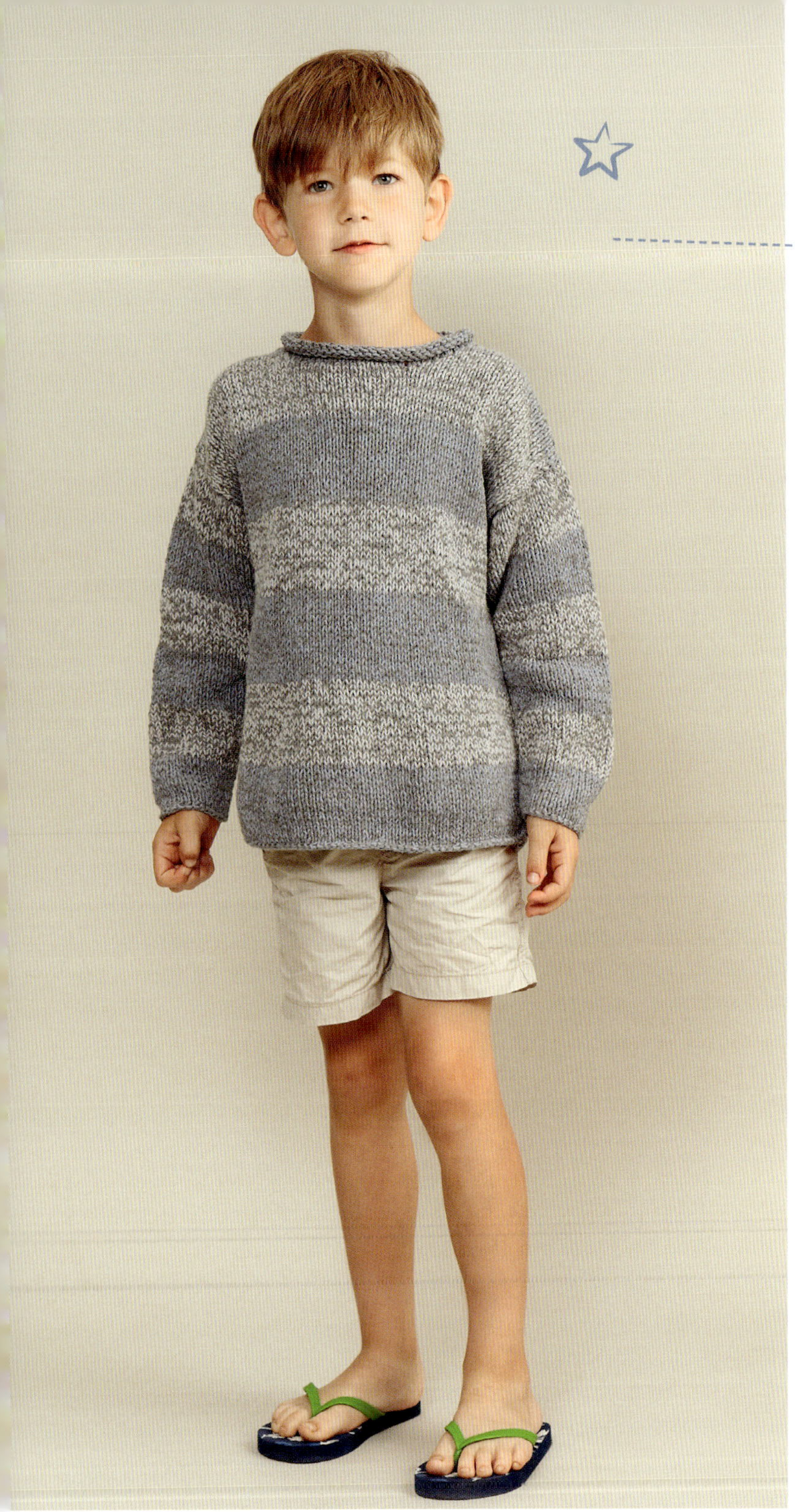

Glatt rechts

In Hinr rechte M, in Rückr linke M str. In Rd alle M rechts str.

Streifenfolge 1

15/17/18/19 R mit je 1 Faden in Jeansblau und Dunkelgrau, 15/17/18/19 R mit je 1 Faden in Hellgrau und Dunkelgrau im Wechsel str.

Streifenfolge 2

12/13/14/15 R mit je 1 Faden in Jeansblau und Dunkelgrau, 12/13/14/15 R mit je 1 Faden in Hellgrau und Dunkelgrau im Wechsel str.

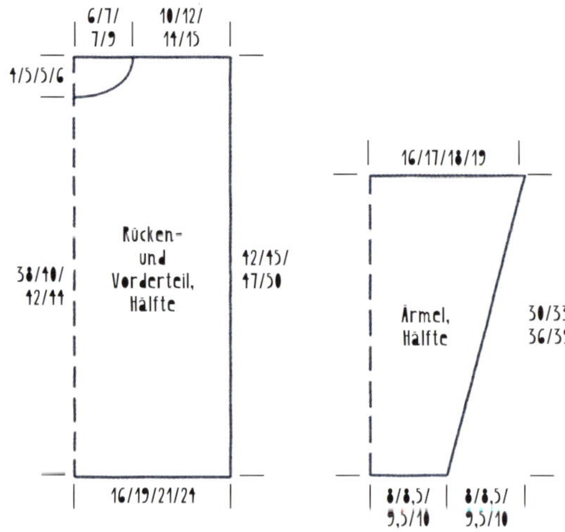

ANLEITUNG

Der Pullover wird mit doppeltem Faden glatt rechts gestrickt.

Rückenteil

Mit doppeltem Faden in Jeansblau und Dunkelgrau 54/64/72/80 M anschl. Weiter glatt rechts in der Streifenfolge 1 str. Nach 98/110/115/122 R (ca. 6,5 Streifen) alle M gerade abk.

Vorderteil

Zunächst wie das Rückenteil str, jedoch für den Halsausschnitt nach 88/98/100/106 R die mittleren 12/12/12/14 M abk und die Seiten getrennt beenden. An der inneren Kante noch 1x 2 M und 1x 1 M/1x 2 M und 2x 1 M/2x 2 M und 2x 1 M/1x 3 M, 1x 2 M und 2x 1 M abk (= 18/22/24/26 M). Nach 98/110/115/122 R (ca. 6,5 Streifen) alle M gerade abk. Die 2. Seite gegengleich beenden.

Ärmel (2x)

Mit doppeltem Faden in Jeansblau und Dunkelgrau 28/30/32/34 M anschl. Weiter glatt rechts in der Streifenfolge 2 str. Für die Ärmelschrägung in jeder 6. R beidseitig je 13x/14x/15x/16x 1 M zunehmen (= 54/58/62/66 M). Nach 78/84/90/96 R die M gerade abk. Den 2. Ärmel genauso str.

Fertigstellen

Alle Teile anfeuchten und spannen. Die Schulternähte schließen. Die Ärmel einsetzen und die Seiten- und Ärmelnähte schließen. Für das Halsbündchen mit dem Ndspiel und doppeltem Faden in Jeansblau und Dunkelgrau ca. 56/60/64/68 M aus der Kante herausstr und weiter glatt rechts str. In 3 cm Höhe die M abk. Alle Fäden vernähen.

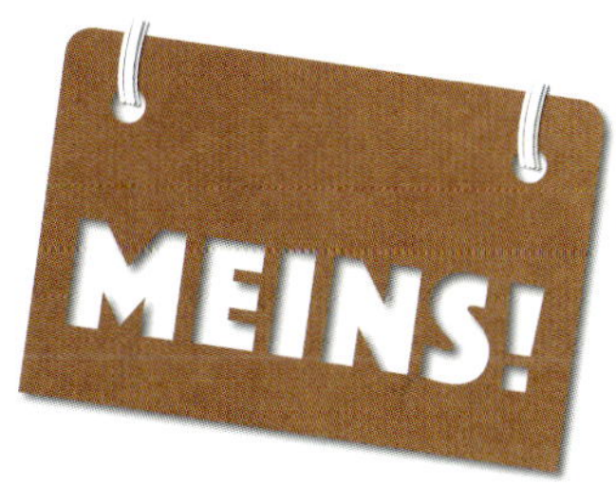

#vintagegirl

Pullover mit Smokpasse

Schwierigkeitsgrad 2

Größen

98-104/110-116/122-128/134-140

Die Angaben für Größe 98-104 stehen vor dem 1. Schrägstrich, die Angaben für Größe 110-116 stehen nach dem 1. Schrägstrich, die Angaben für Größe 122-128 stehen nach dem 2. Schrägstrich und die Angaben für Größe 134-140 stehen nach dem 3. Schrägstrich. Steht nur eine Angabe, so gilt diese für alle Größen.

Material

* BC Garne Bio Balance (LL 225 m/50 g) in Beere (Fb 24), 150/200/250/300 g
* Stricknadeln 3,5 mm
* Nadelspiel 3,0 mm
* Hilfsnadel
* Wollnadel

Maschenprobe

Glatt rechts mit Nd 3,5 mm
25 M und 35 R = 10 cm x 10 cm

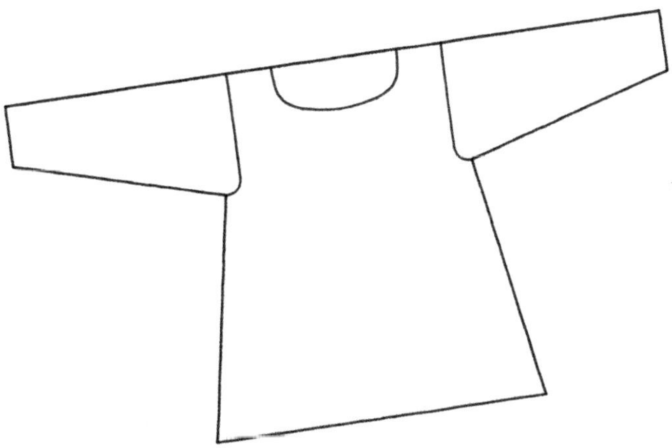

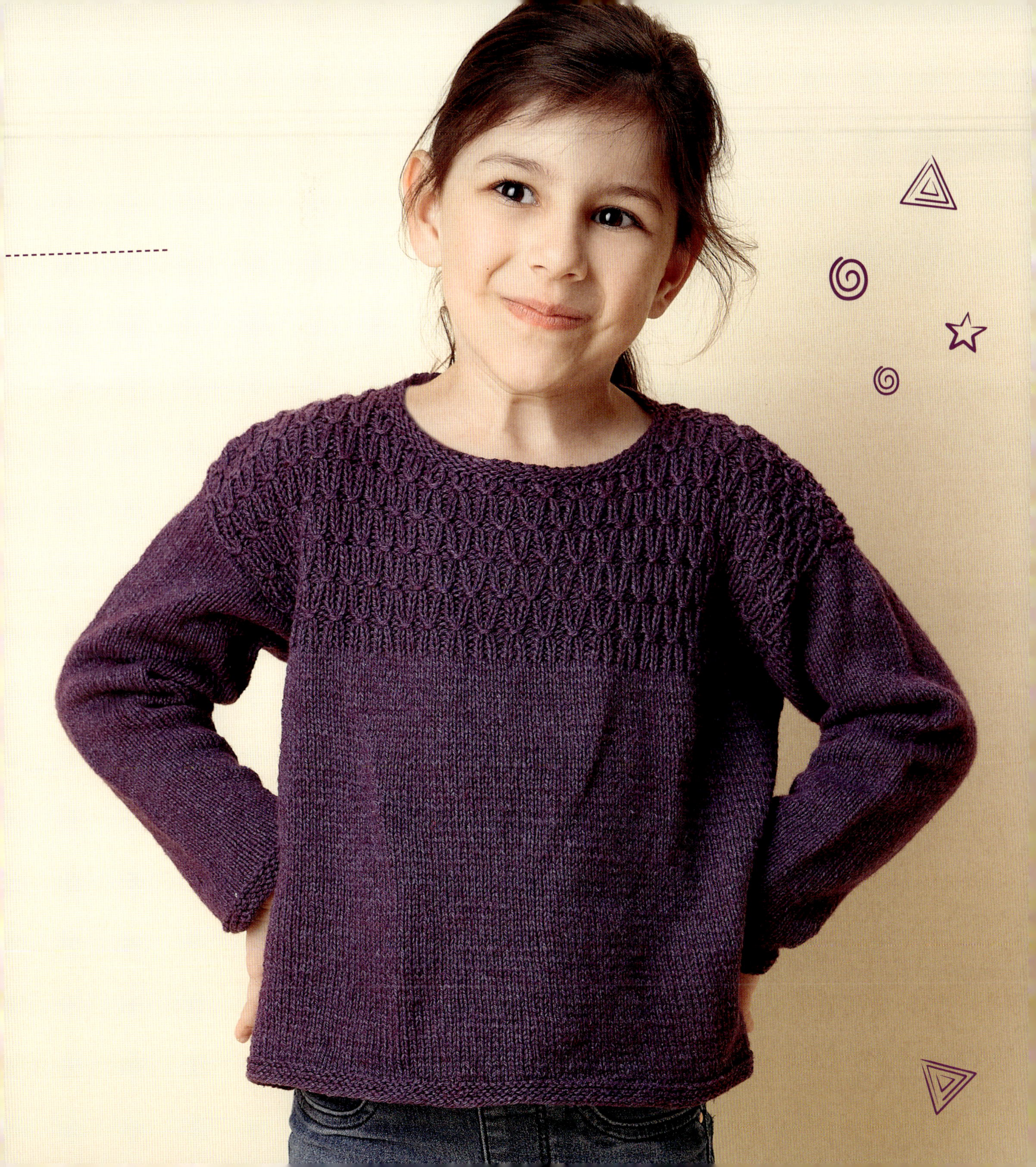

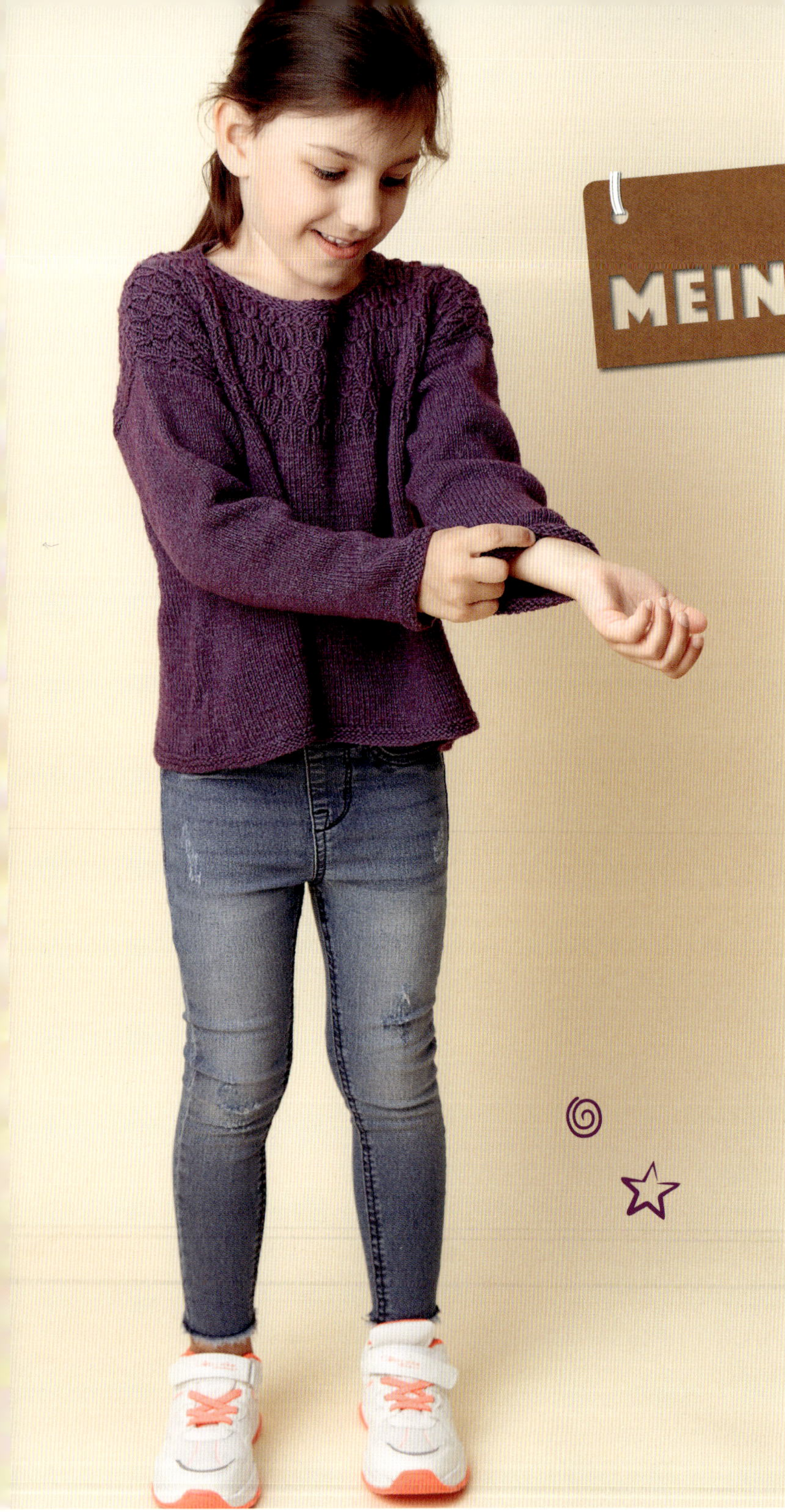

Kraus rechts

In Hin- und Rückr rechte M str. In Rd 1 Rd rechte M, 1 Rd linke M im Wechsel str.

Glatt rechts

In Hinr rechte M, in Rückr linke M str.

Smokmuster

M-Zahl teilbar durch 4 + 1 + Rdm. Jede R beginnt und endet mit der Rdm.

1. R: * 1 M links, 1 M rechts, ab* fortlaufend wdh, enden mit 1 M links.

2. und alle geraden R: Alle M str, wie sie erscheinen.

3. R: Wie die 1. R str.

5. R: * 1 M links, 1 M rechts, 1 M links, 1 M rechts, die 3 zuletzt gestrickten M auf eine Hilfsnd legen und den Arbeitsfaden 2x nicht zu fest herumwickeln, dann die 3 M wieder auf die rechte Nd legen, ab * fortlaufend wdh, enden mit 1 M links.

7.+9. R: Wie die 1. R str.

11. R: 1 M links, 1 M rechts, * 1 M links, 1 M rechts, 1 M links, 1 M rechts, die letzten 3 M auf die Hilfsnd legen und den Arbeitsfaden 2x nicht zu fest herumwickeln, dann diese 3 M wieder auf die rechte Nd zurücklegen, ab * fortlaufend wdh, enden mit 1 M links, 1 M rechts, 1 M links.

Die 1.-12. R fortlaufend wdh.

ANLEITUNG

Rückenteil

97/105/117/125 M anschl, 1 Rückr rechte M str, weiter noch 4 R kraus rechts str, danach glatt rechts str. Für die Schrägung der äußeren Kante beidseitig in jeder 18. R 3x 1 M abnehmen (= 91/99/111/119 M).

In 22/24/26/28 cm Höhe weiter im Smokmuster str und gleichzeitig beidseitig für die Armausschnitte 1x 3 M und 1x 1 M abk (= 83/91/103/111 M). In 36/39/42/45 cm Höhe die M abk.

Vorderteil

Zunächst wie das Rückenteil str, jedoch in 30/32,5/35/37,5 cm Höhe die mittleren 21 M abk und die Arbeit teilen. Für die Rundung des Halsausschnitts an der inneren Kante noch weiter in jeder 2. R 1x 5 M, 1x 3M, 1x 2 M und 2x 1 M abk. In 36/39/42/45 cm Höhe die M abk (= 19/23/29/33 M). Die 2. Seite gegengleich beenden.

Ärmel (2x)

35/40/45/50 M anschl, 1 Rückr rechte M str, weiter noch 4 R kraus rechts str, danach glatt rechts str.

Für die Ärmelschrägung beidseitig in jeder 4. R 4x 1 M und in jeder 6. R 13x 1 M/in jeder 6. R 17x 1 M/in jeder 6. R 15x 1 M und in jeder 8. R 2x 1 M/in jeder 6. R 10x 1 M und in jeder 8. R 7x 1 M zunehmen (= 69/74/79/84 M). In 27/29/31/33 cm Höhe noch beidseitig in jeder 2. R 1x 3 M und 1x 1 M abk, dann die M gerade abk. Den 2. Ärmel genauso str.

Fertigstellen

Alle Teile anfeuchten und spannen. Die Schulternähte schließen. Für das Halsbündchen aus der Kante des Halsausschnitts mit dem Ndspiel ca. 58/62/68/76 M herausstr, zur Rd schließen und kraus rechts in Rd arb. Mit einer Rd linke M beginnen, in der 5. Rd die M abk. Die Ärmel einsetzen, die Seiten- und Ärmelnähte schließen. Alle Fäden vernähen.

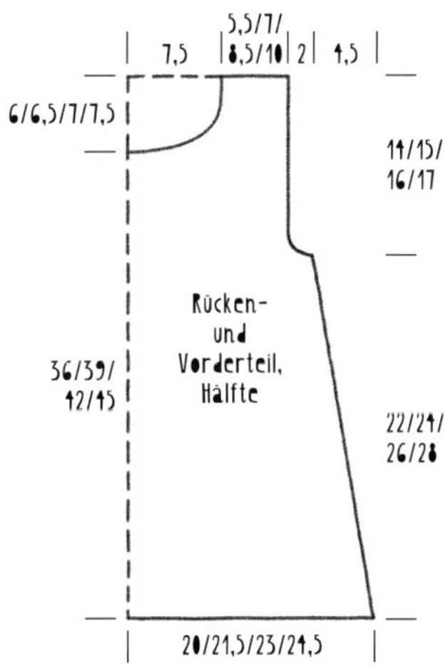

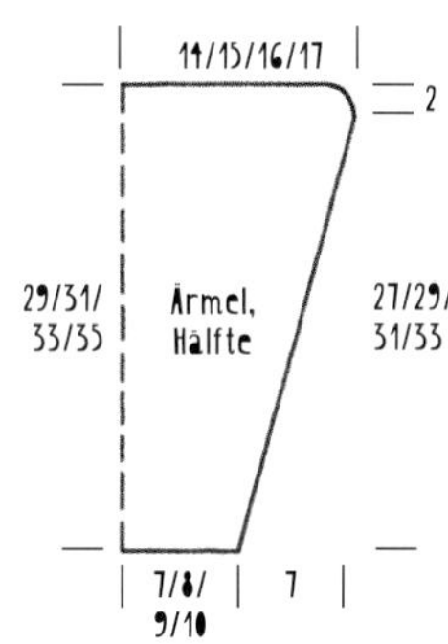

#sweetshirt

Schlupfpulli mit Knopfleiste und Perlmuster

Schwierigkeitsgrad 2

Größen

98-104/110-116/122-128/134-140

Die Angaben für Größe 98-104 stehen vor dem 1. Schrägstrich, die Angaben für Größe 110-116 stehen nach dem 1. Schrägstrich, die Angaben für Größe 122-128 stehen nach dem 2. Schrägstrich und die Angaben für Größe 134-140 stehen nach dem 3. Schrägstrich. Steht nur eine Angabe, so gilt diese für alle Größen.

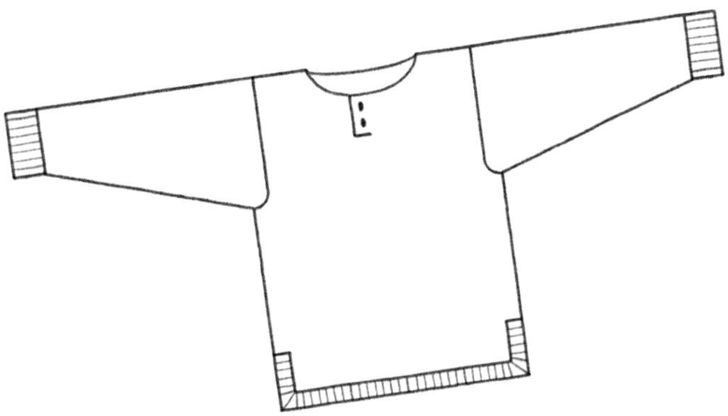

Material

* BC Garne Northern Lights (LL 200 m/100 g) in Ecru (Fb 02), 300/300/300/400 g
* Stricknadeln 4,5 mm
* Häkelnadel 4,5 mm
* 1/1/2/2 Knöpfe, ø 17 mm
* Wollnadel

Maschenprobe

Glatt rechts mit Nd 4,5 mm
17 M und 25 R = 10 cm x 10 cm

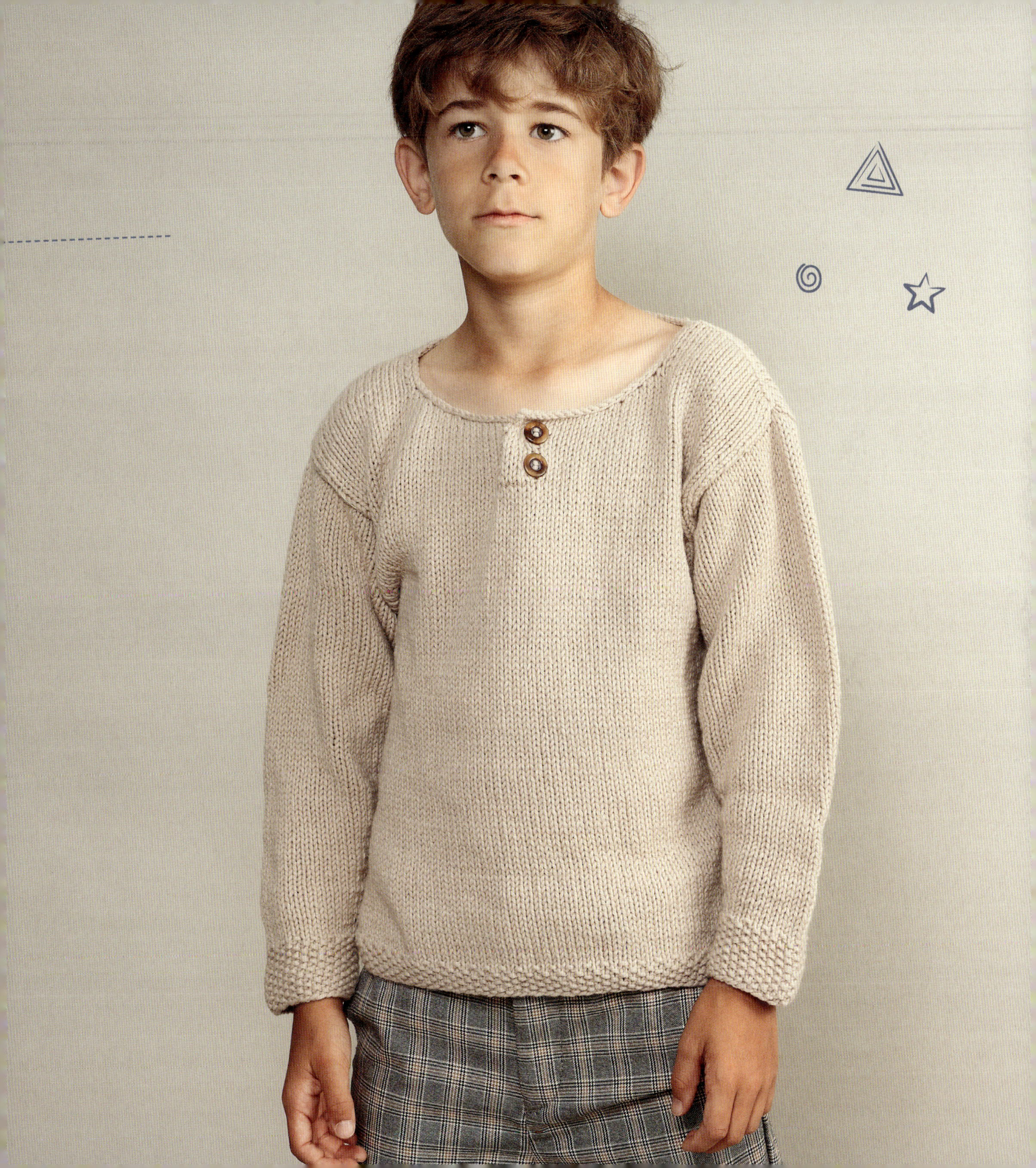

Glatt rechts

In Hinr rechte M, in Rückr linke M str.

Perlmuster

Gerade M-Zahl

1. R: 1 M rechts, 1 M links im Wechsel str.

2. R: 1 M links, 1 M rechts im Wechsel str.

Die 1. und 2. R fortlaufend wdh.

ANLEITUNG

Rückenteil

56/64/72/80 M anschl und im Perlmuster str. In 2/2/2,5/2,5 cm Höhe die M wie folgt einteilen: Rdm, 4 M im Perlmuster, glatt rechts str, bis noch 5 M auf der Nd sind, 4 M im Perlmuster str, Rdm. Nach 7/8/9/10 cm Höhe glatt rechts weiterstr.

In 25/27/29/31 cm Höhe für die Armausschnitte beidseitig am R-Beginn 1x 2 M und 1x 1 M abk (= 50/58/66/74 M).

In 39/42/45/48 cm Höhe für den Halsausschnitt die mittleren 22/24/28/30 M abk und die Seiten getrennt beenden. Für die Rundung des Ausschnitts an der inneren Kante noch jeweils 1x 2 M abk (= 12/15/17/20M). Das Rückenteil in 41/44/47/50 cm Höhe beenden und die M gerade abk. Die andere Seite gegengleich str.

Vorderteil

Zunächst wie das Rückenteil str, aber bereits in 30/33/34/35 cm Höhe den Schlitz einarb. Dafür in einer Hinr nach der 27./31./35./39. M die Arbeit wenden und die Seiten getrennt beenden. Die Rdm immer rechts str, dabei darauf achten, sehr fest und gleichmäßig zu str. 4/4/2/4 R gerade str, dann in der Rückr ein Knopfloch str: Rdm, 2 M links, 2 M links zusammenstr, 1 U, die R beenden. In der darauffolgenden R den U rechts str. Nach -/-/4/4 weiteren R noch -/-/1/1 weiteres Knopfloch str.

In 35/38/40/42 cm Höhe, nach 12/12/14/16 R ab Schlitzbeginn den Halsausschnitt arb. Dafür an der linken Kante 8/9/11/12 M abk (= 19/22/24/27 M) und die Seiten getrennt beenden. Für die Rundung an der inneren Kante noch jeweils 1x

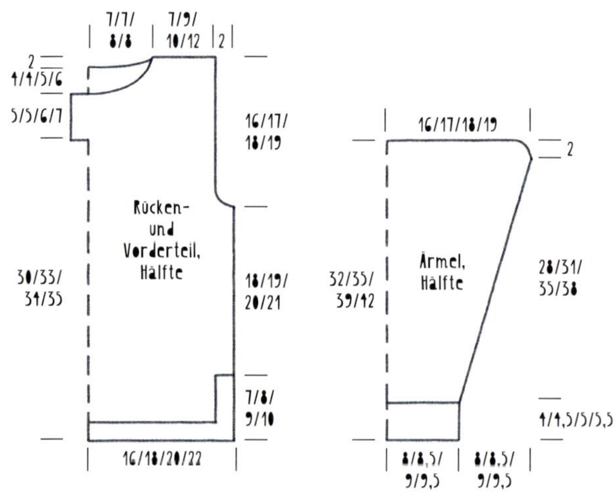

2 M und 3x 1 M abk (= 14/17/19/22 M) und die M der Schulterkante in 41/44/47/50 cm Höhe gerade abk.
Für die 2. Seite des Schlitzes von der Rückseite der Arbeit her aus den Bogen der linken M 6 M für den Untertritt (= Knopfleiste) herausstr. Glatt rechts str, die Rdm immer rechts str und darauf achten, die Kante fest und gleichmäßig zu arb. Die Seite gegengleich zur anderen Seite (ohne Knopflöcher) beenden.

Ärmel (2x)

28/30/32/34 M anschl und im Perlmuster str. In 4/4,5/5/5,5 cm Höhe glatt rechts weiterstr. Für die Ärmelschrägung beidseitig in jeder 4. R 10x 1 M zunehmen, weiter in jeder 6. R 3x/4x/5x/6x 1 M zunehmen (= 54/58/62/66 M). In 30/33/37/40 cm Höhe für die Rundung der oberen Kante beidseitig noch 1x 2 M abk (= 50/54/58/62 M) und in 32/35/39/42 cm Höhe die M gerade abk. Den 2. Ärmel genauso str.

Fertigstellen

Alle Teile anfeuchten und spannen. Die Schulternähte schließen und die Kante des Halsausschnitts mit 1 R Km behäkeln. Die Ärmel einsetzen, die Seitennähte und die Ärmelnähte schließen, die Knöpfe annähen. Alle Fäden vernähen.

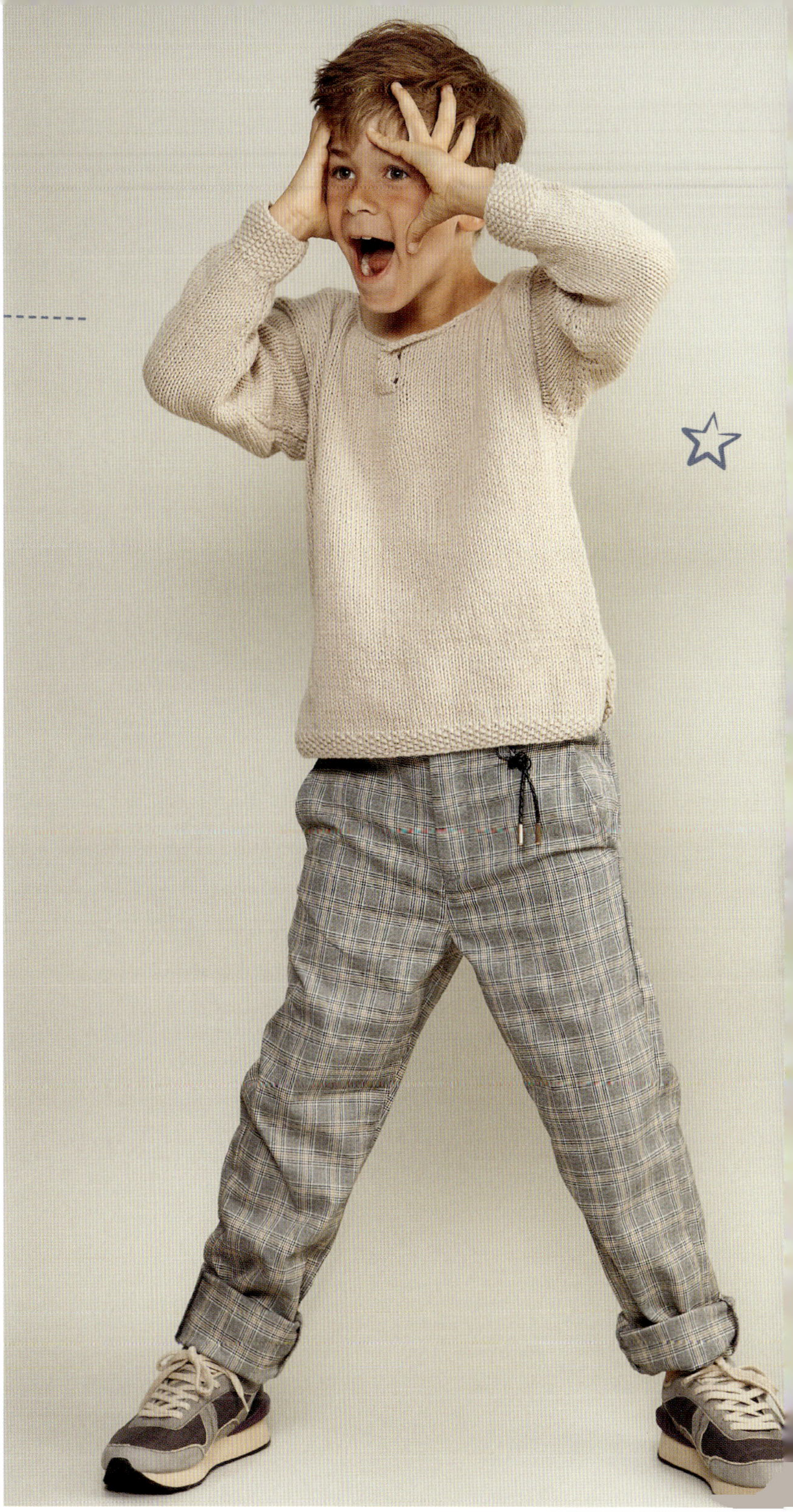

#casualstyle

Poncho-Pulli mit Hebemaschen

Schwierigkeitsgrad 1

Größen

98-104/110-116/122-128/134-140

Die Angaben für Größe 98-104 stehen vor dem 1. Schrägstrich, die Angaben für Größe 110-116 stehen nach dem 1. Schrägstrich, die Angaben für Größe 122-128 stehen nach dem 2. Schrägstrich und die Angaben für Größe 134-140 stehen nach dem 3. Schrägstrich. Steht nur eine Angabe, so gilt diese für alle Größen.

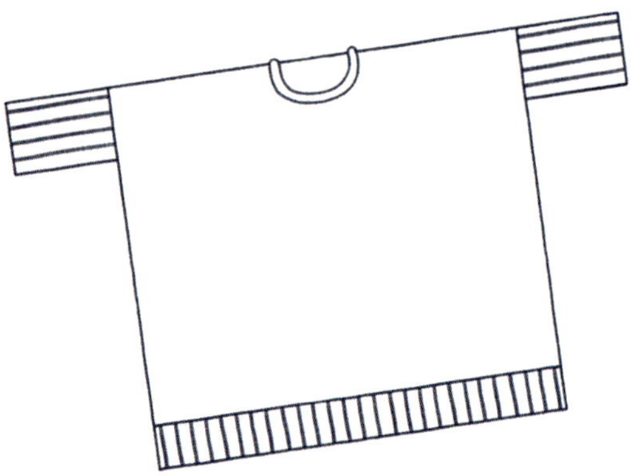

Material

* Lana Grossa Landlust Merino 120 (LL 120 m/50 g) in Silbergrün (Fb 136), 300/300/350/400 g
* Rundstricknadel 6,0 mm, 60 cm lang
* Nadelspiel 6,0 mm
* 2 Maschenmarkierer
* Wollnadel

Maschenprobe

Im Hebemaschenmuster mit Nd 6,0 mm
15 M und 29 R = 10 cm x 10 cm

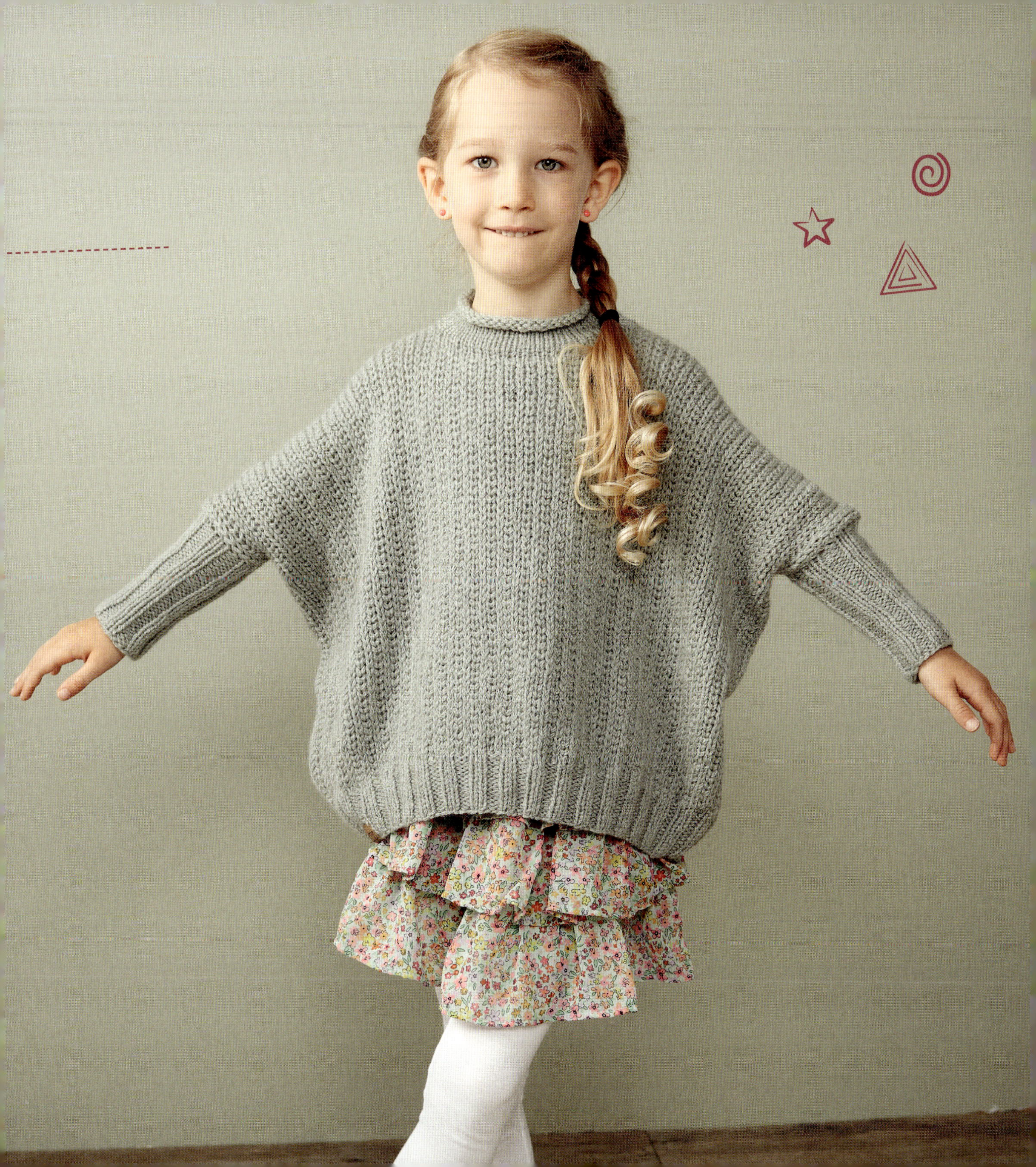

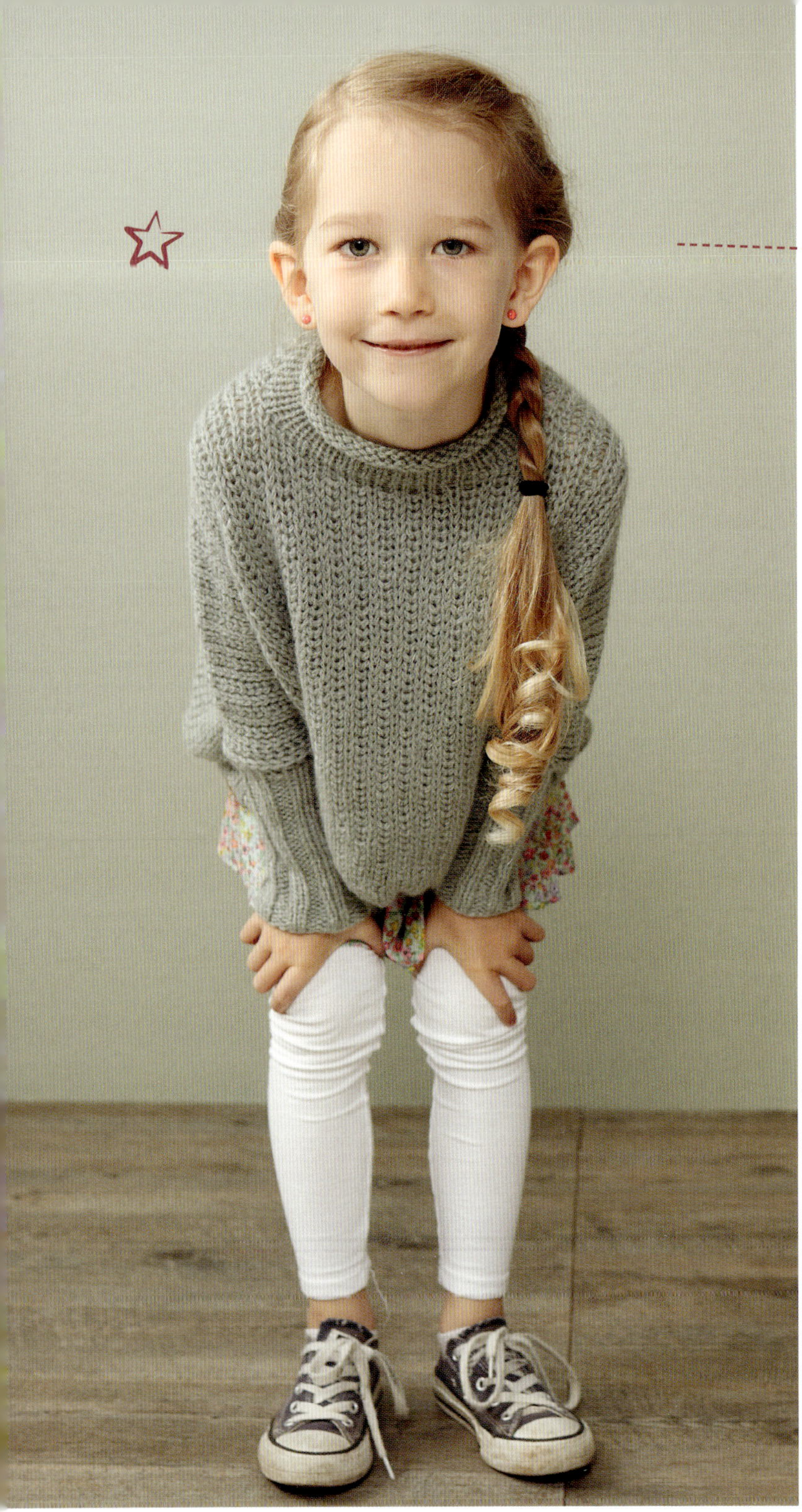

Rippenmuster

1. R (Hinr): 1 M rechts, 2 M links, 1 M rechts im Wechsel str.

2. R (Rückr): 1 M links, 2 M rechts, 1 M links im Wechsel str.

Hebemaschenmuster

1. R (Rückr): Alle M links str.

2. R (Hinr): Rdm, * 1 M rechts, 1 M rechts in die M der Vor-R einstechen (= 1 tiefergestochene M rechts), ab * fortlaufend wdh, Rdm.

Die 1. und 2. R fortlaufend wdh.

Glatt rechts

In Rd alle M rechts str.

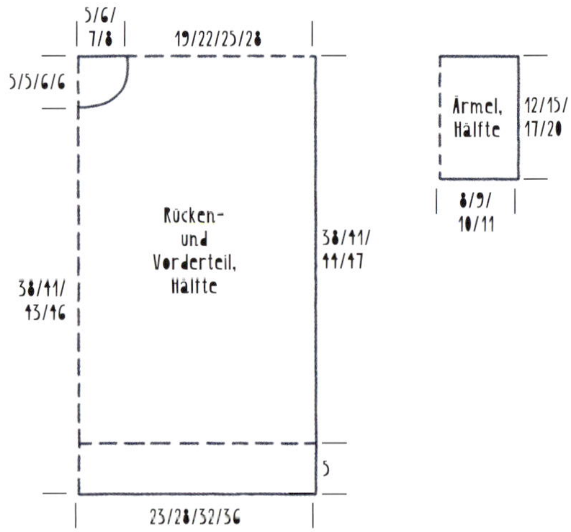

ANLEITUNG

Vorder- und Rückenteil werden in einem Stück gestrickt. An der unteren Kante des Vorderteils beginnen.

Vorder- und Rückenteil

70/82/94/106 M anschl und im Rippenmuster str, dabei nach der Rdm mit 1 M rechts beginnen. In 5 cm Höhe weiter im Hebemaschenmuster str. In 38/41/43/46 cm Höhe die mittleren 10 M für den Halsausschnitt abk und die Seiten getrennt weiterstr. An der inneren Kante noch in jeder 2. R weiter 2x 1 M/1x 2 M und 2x 1 M/2x 2 M und 2x 1M/1x 3 M, 2x 2 M und 1x 1 M abk. In 43/46/49/52 cm Höhe die M stilllegen und die andere Seite gegengleich str. Die Schulterhöhe ist nun erreicht. Diese R an der Außenkante mit den M-Markierern kennzeichnen.

Nach einer Hinr der linken Seite 14/18/22/26 M zwischen den Teilen anschl, die Seiten wieder zusammenführen und weiter über alle M str. Die neu angeschlagenen M im Hebemaschenmuster arb.

In 81/87/93/99 cm Höhe weiter im Rippenmuster str und nach 5 cm im Rippenmuster die M locker abk.

Ärmel (2x)

Aus den Seitenkanten von Vorder- und Rückenteil 28/32/36/40 M herausstr, jeweils 14/16/18/20 M vor dem M-Markierer und 14/16/18/20 M nach dem M-Markierer, dabei kann aus jeder 2. R 1 M herausgestrickt werden. Im Rippenmuster 12/15/17/20 cm str. Alle M mustergemäß abk. Den 2. Ärmel genauso str.

Fertigstellen

Für das Halsbündchen aus der Kante des Halsausschnitts mit dem Ndspiel ca. 43/45/48/50 M herausstr und weiter glatt rechts in Rd arb. In 3,5 cm Höhe die M abk. Die Seitennähte schließen. Alle Fäden vernähen.

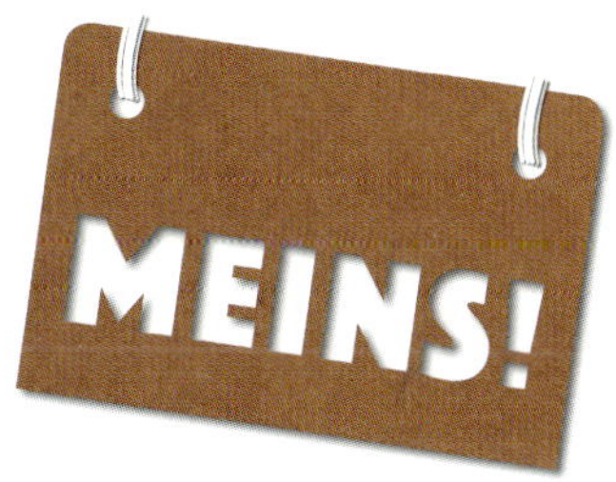

#collegedays

Pullover mit Kontraststreifen

Schwierigkeitsgrad 2

Größen

98-104/110-116/122-128/134-140

Die Angaben für Größe 98-104 stehen vor dem 1. Schrägstrich, die Angaben für Größe 110-116 stehen nach dem 1. Schrägstrich, die Angaben für Größe 122-128 stehen nach dem 2. Schrägstrich und die Angaben für Größe 134-140 stehen nach dem 3. Schrägstrich. Steht nur eine Angabe, so gilt diese für alle Größen.

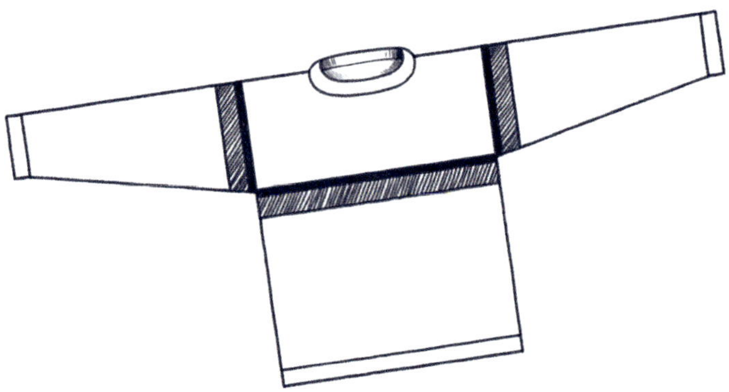

Material

* Lana Grossa Bingo Mélange (LL 80 m/50 g) in Graubeige meliert (Fb 252), 250/300/350/450 g, Senfgelb meliert (Fb 242), 50 g und Brombeer meliert (Fb 203), 50 g
* Stricknadeln 4,5 mm und 5,0 mm
* Nadelspiel 5,0 mm
* Wollnadel

Maschenprobe

Glatt rechts mit Nd 5,0 mm
16 M und 23 R = 10 cm x 10 cm

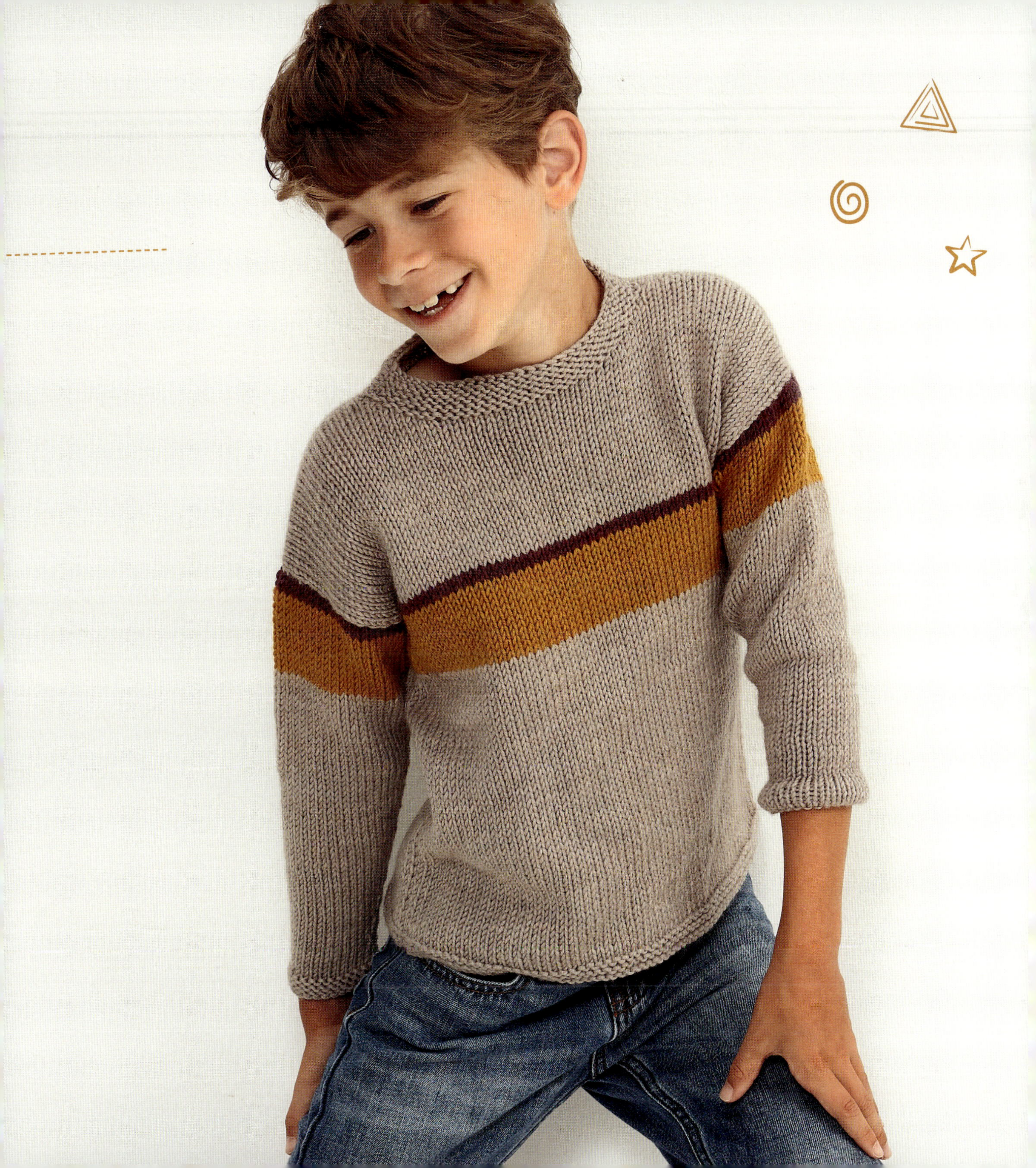

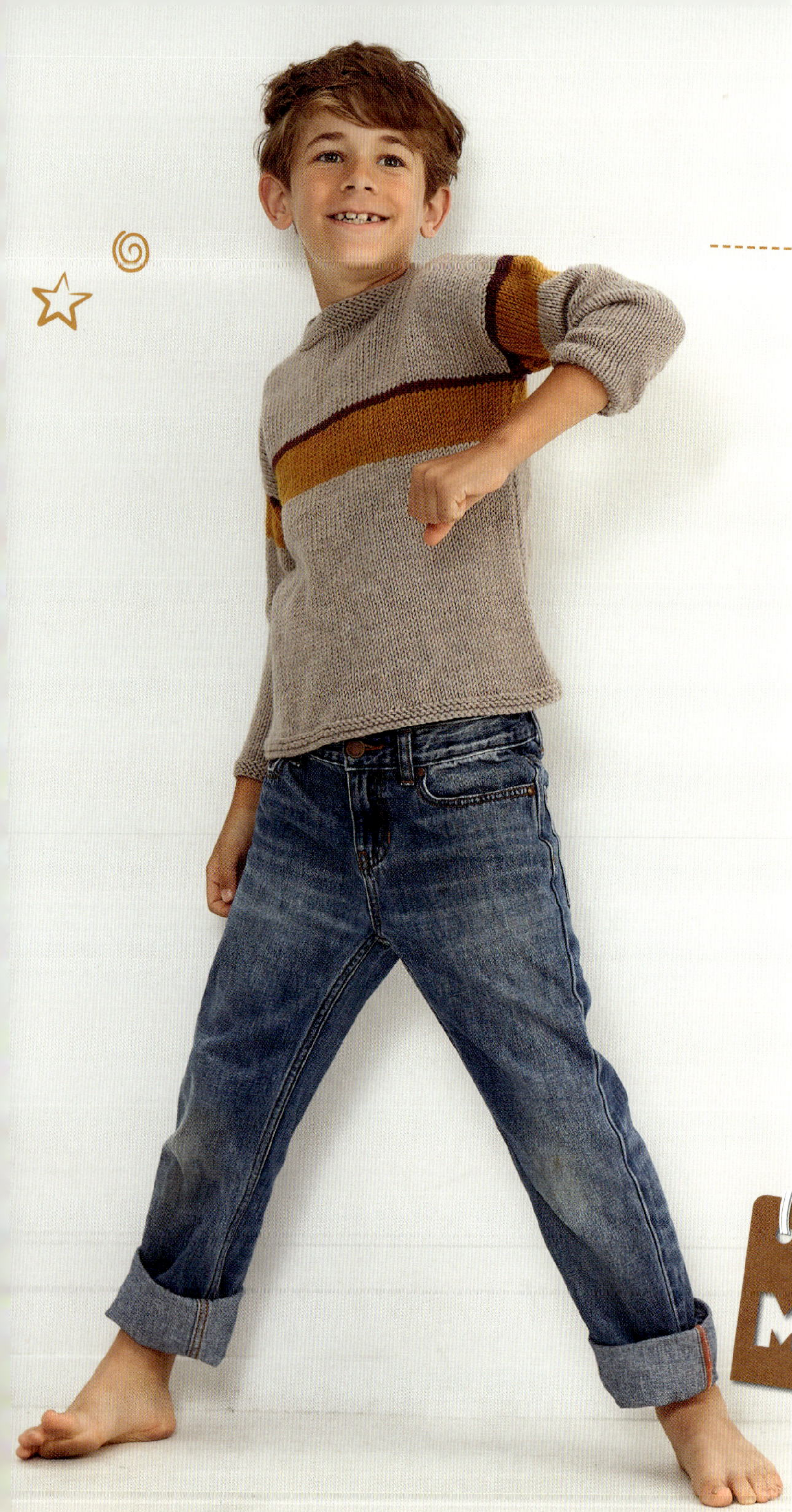

Kraus rechts

In Hin- und Rückr rechte M str. In Rd 1 Rd rechte M, 1 Rd linke M im Wechsel str.

Glatt rechts

In Hinr rechte M, in Rückr linke M str.

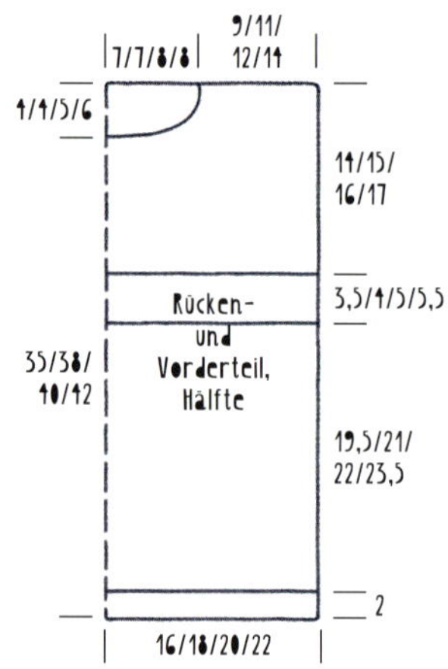

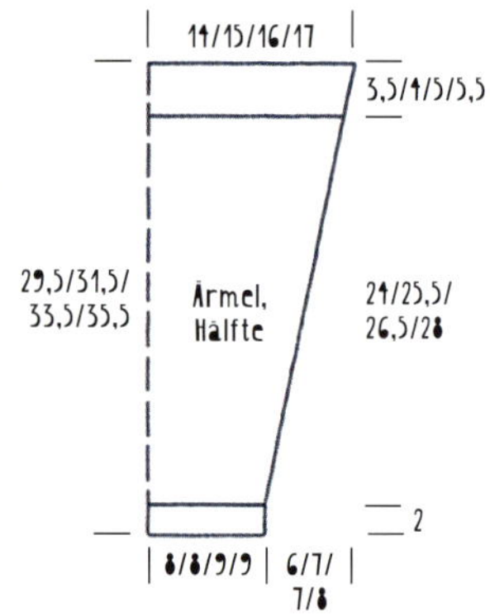

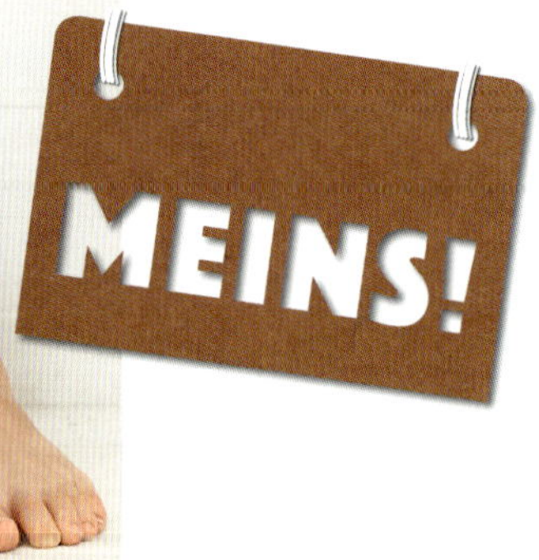

ANLEITUNG

Rückenteil

49/55/61/67 M mit Nd 4,5 mm in Graubeige anschl und kraus rechts str. In 2 cm Höhe weiter mit Nd 5,0 mm glatt rechts str. In 21,5/23/24/25,5 cm Höhe in Senfgelb weiterstr und 6/8/10/12 R str. Weiter 2 R in Brombeer str, danach wieder in Graubeige weiterstr. In 39/42/45/48 cm Höhe die M gerade abk.

Vorderteil

Wie das Rückenteil str, jedoch in 35/38/40/42 cm Höhe für den Hausausschnitt die mittleren 13/13/15/15 M abk und die Seiten getrennt beenden (pro Seite = 18/21/23/26 M). Weiter an der inneren Kante in jeder 2. R noch 2x 2 M und 1x 1 M/2x 2 M und 1x 1 M/2x 2 M und 2x 1 M/2x 2 M und 2x 1 M abk, die restlichen 13/16/17/20 M gerade abk. Die 2. Seite gegengleich beenden.

Ärmel (2x)

25/25/29/29 M mit Nd 4,5 in Graubeige anschl und kraus rechts str. In 2 cm Höhe mit Nd 5,0 mm glatt rechts weiterstr. Für die Ärmelschrägung beidseitig in jeder 4. R 5x/4x/3x/8x 1 M zunehmen, weiter in jeder 6. R 5x/7x/8x/5x 1 M zunehmen (= 45/47/51/55 M). In 26/27,5/28,5/30 cm Höhe in Senfgelb Melange weiterstr und 6/8/10/12 R str. Weiter 2 R in Brombeer str, in der darauffolgenden R in Brombeer die M gerade abk. Den 2. Ärmel genauso str.

Fertigstellen

Alle Teile anfeuchten und spannen. Die Schulternähte schließen. Aus der Kante des Halsausschnitts 50/56/62/70 M in Graubeige mit dem Ndspiel herausstr und weiter kraus rechts in Rd str. In 2/2,5/3/3,5 cm Höhe die M abk, dabei auf eine elastische Kante achten. Die Ärmel einsetzen und die Seiten- und Ärmelnähte schließen. Alle Fäden vernähen.

#roseallday

Pullover mit kurzen Ärmeln

Schwierigkeitsgrad 2

Größen

98-104/110-116/122-128/134-140

Die Angaben für Größe 98-104 stehen vor dem 1. Schrägstrich, die Angaben für Größe 110-116 stehen nach dem 1. Schrägstrich, die Angaben für Größe 122-128 stehen nach dem 2. Schrägstrich und die Angaben für Größe 134-140 stehen nach dem 3. Schrägstrich. Steht nur eine Angabe, so gilt diese für alle Größen.

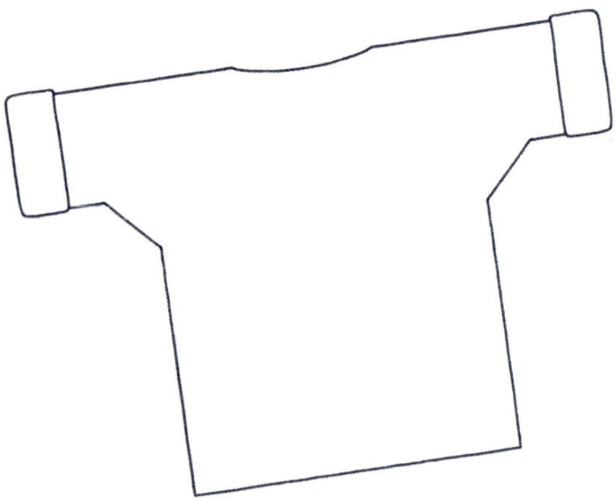

Material

* Lana Grossa Cool Wool Big (LL 120 m/50 g) in Rosenholz (Fb 953), 300/350/350/400 g
* Stricknadeln 4,0 mm
* Wollnadel

Maschenprobe

Kraus rechts mit Nd 4,0 mm
20 M und 40 R = 10 cm x 10 cm

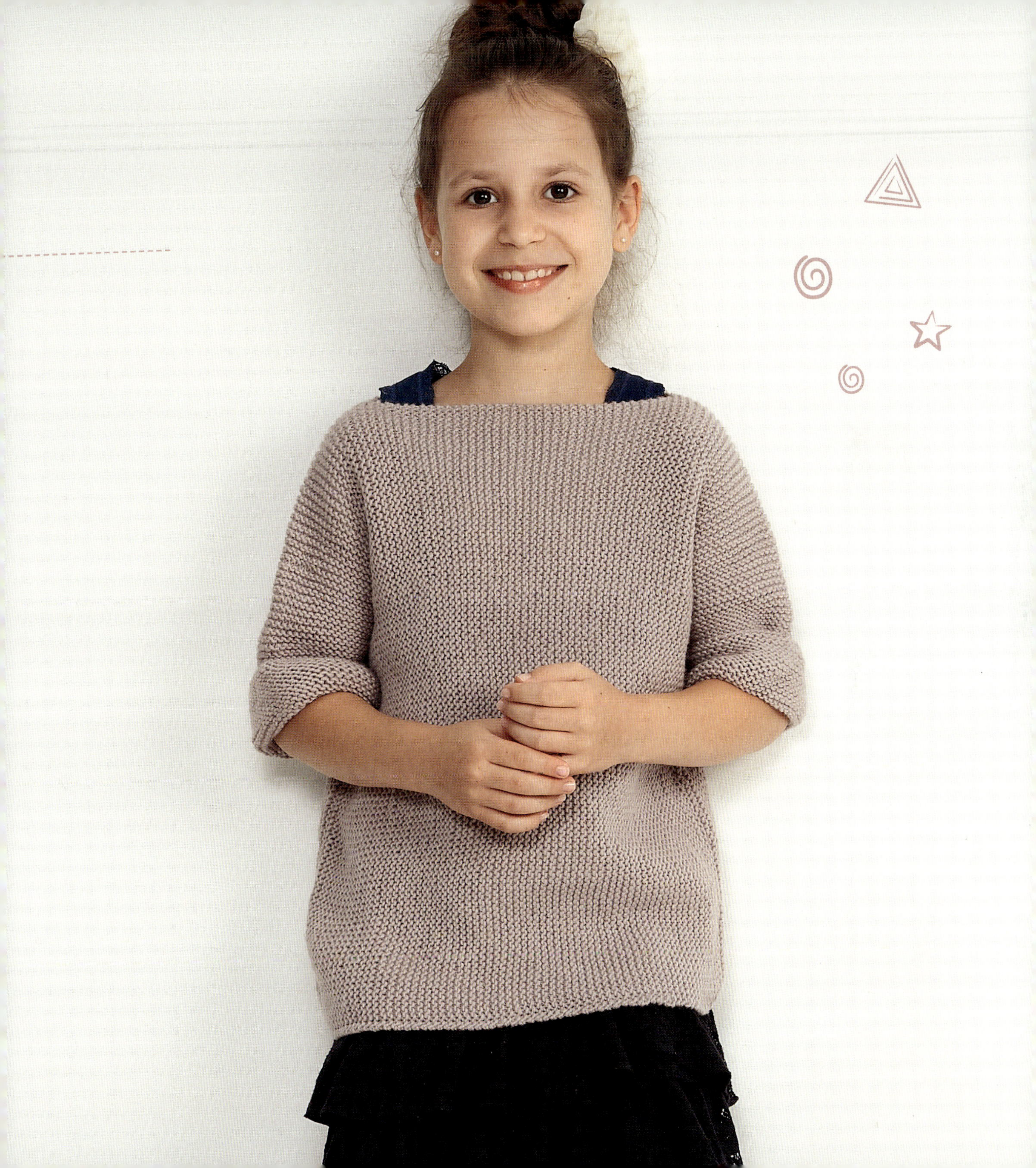

Kraus rechts

In Hin- und Rückr rechte M str.

ANLEITUNG

Der Pullover wird in einem Stück gestrickt. Deshalb unbedingt vorab eine Maschenprobe anfertigen, damit die Größe auch passt.
Begonnen wird an der Ärmelkante. 44/48/52/56 M anschl und kraus rechts str. In 4/5/6/7 cm Höhe 1 Rückr nur linke M str, dann weiter kraus rechts str. In 8/10/12/14 cm Höhe mit den Zunahmen beginnen. Dafür beidseitig in jeder 2. R 10x 1 M zunehmen (= 64/68/72/76 M). Weiter beidseitig in einer Rückr 48/52/56/60 M zusätzlich anschl (= 160/172/184/196 M).

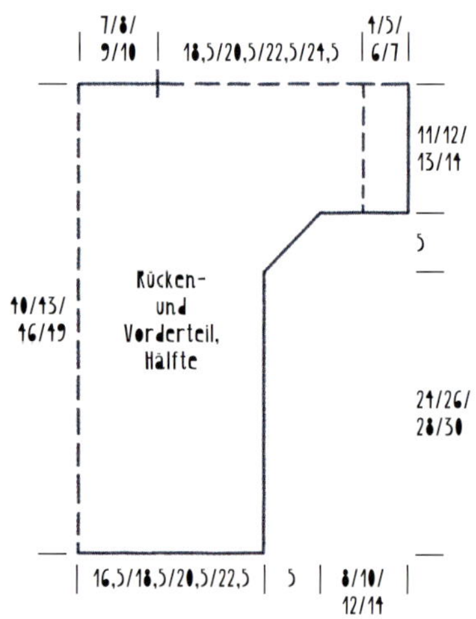

Weiter kraus rechts str. In 22,5/25,5/30,5/31,5 cm Höhe die Arbeit für den Halsausschnitt teilen. Über jeweils 80/86/92/98 M weiterstr, die restlichen M stilllegen. Nach 14/16/18/20 cm (= Gesamthöhe 36,5/41,5/46,5/51,5 cm) die M stilllegen und die andere Hälfte der M bis zur gleichen Höhe weiterstr. Die M wieder zusammenführen und über alle M weiterstr.
Nach weiteren 9,5/10,5/11,5/12,5 cm, die wieder über alle M gestrickt werden, beidseitig 1x 48/52/56/60 M abk (= 64/68/72/76 M) und weiter beidseitig in jeder 2. R 10x 1 M abnehmen (= 44/48/52/56 M). In 55/62/69/76 cm Höhe 1 Rückr nur linke M str, dann weiter kraus rechts str. In 59/67/75/83 cm Höhe die M gerade abk.

Fertigstellen

Das Teil anfeuchten und spannen. Zur Hälfte falten und die Seiten- und Ärmelnähte schließen. Den Aufschlag an den Ärmeln an der links gestrickten Kante nach außen falten, den Aufschlag mit einigen Stichen an der Seitennaht und auf Höhe der Schulterlinie fixieren. Die Fäden vernähen.

TIPP Wer das Gewicht der Wolle nicht gern halten möchte, kann auch Stricknadeln mit Seil benutzen.

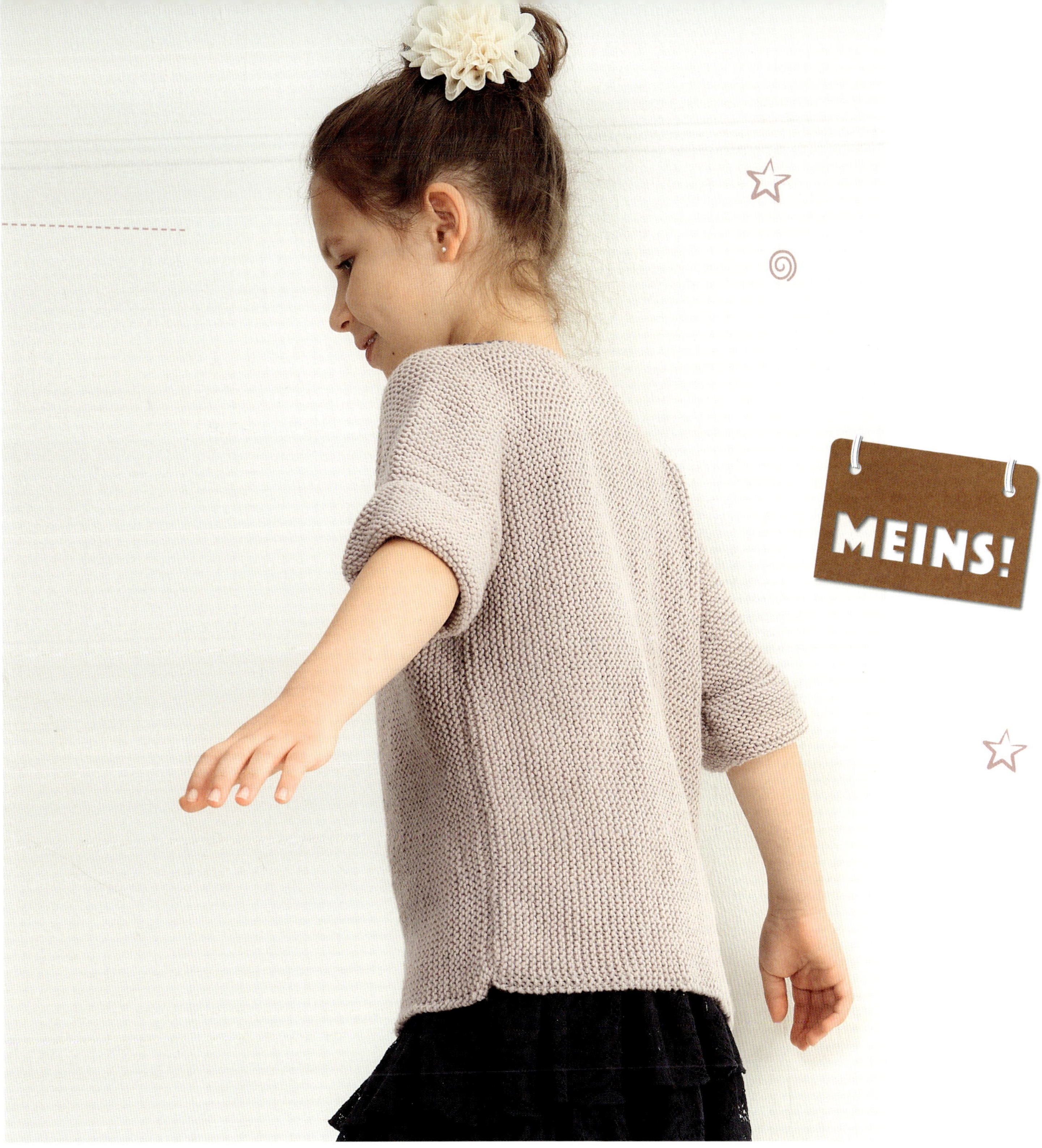
MEINS!

#bluehole

Pullover mit Raglan und Lochmuster

Schwierigkeitsgrad 2

Größen

104/116/128/140

Die Angaben für Größe 104 stehen vor dem 1. Schrägstrich, die Angaben für Größe 116 stehen nach dem 1. Schrägstrich, die Angaben für Größe 128 stehen nach dem 2. Schrägstrich und die Angaben für Größe 140 stehen nach dem 3. Schrägstrich. Steht nur eine Angabe, so gilt diese für alle Größen.

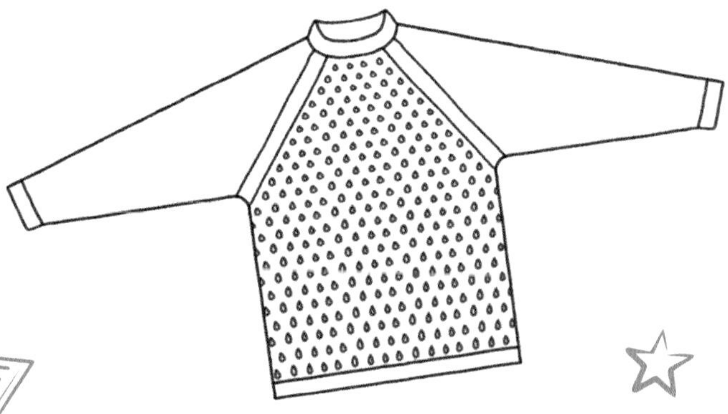

Material

* Lana Grossa Cool Wool Big Melange (LL 120 m/50 g) in Graugrün meliert (Fb 332), 200/250/300/350 g
* Rundstricknadeln 4,0 mm, 40 cm und 60 cm lang
* Nadelspiel 4,0 mm
* 4 Maschenmarkierer
* Wollnadel

Maschenprobe

Glatt rechts mit Nd 4,0 mm
19 M und 26 R = 10 cm x 10 cm

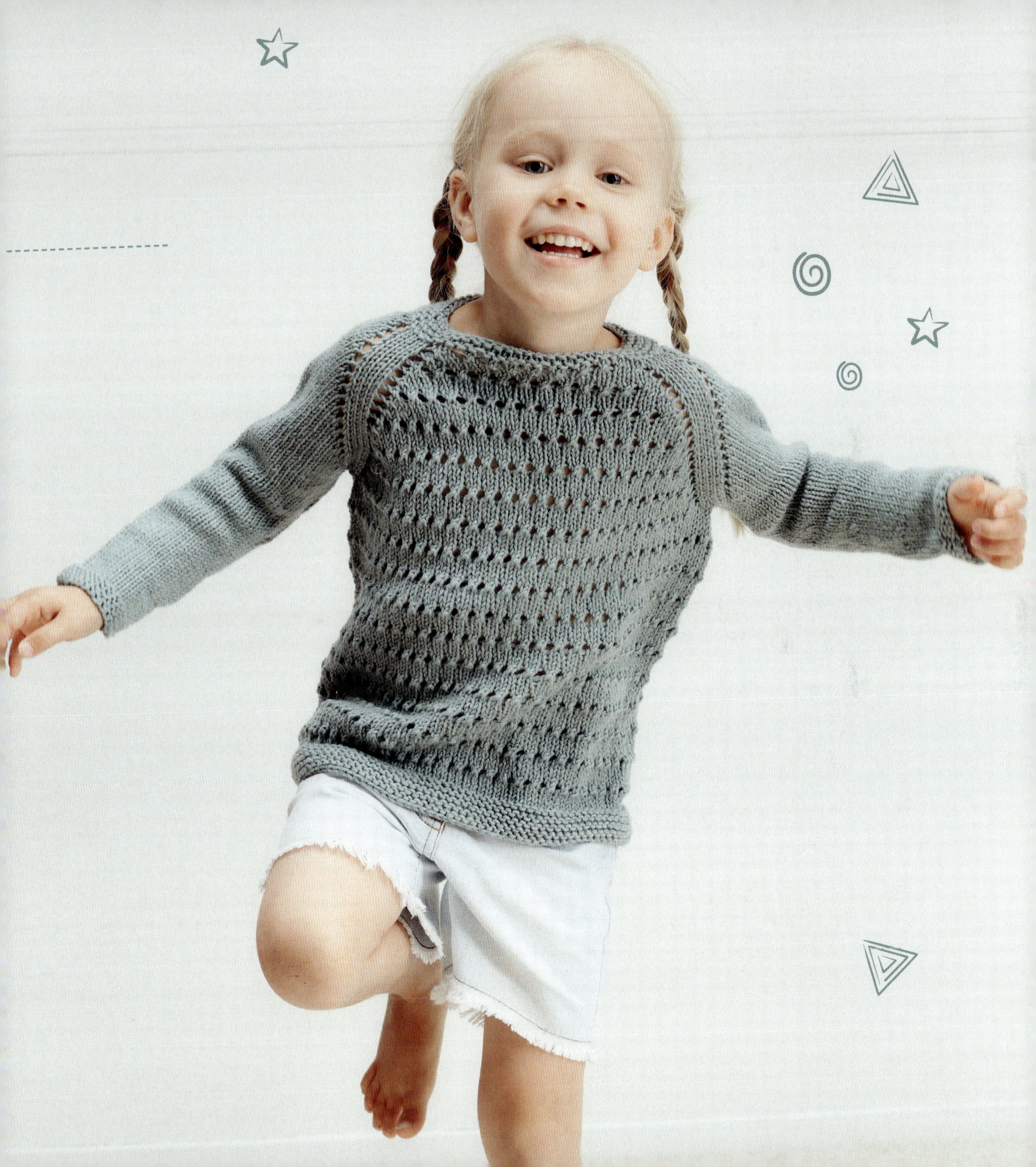

MEINS!

Kraus rechts

In Rd 1 Rd rechte M, 1 Rd linke M im Wechsel str.

Glatt rechts

In Rd alle M rechts str.

Lochmuster

Gerade M-Zahl

1. Rd: * 1 U, 2 M rechts zusammenstr, ab * fortlaufend wdh.

2.-6. Rd: Alle M und U rechts str.

Die 1.-6. Rd fortlaufend wdh.

ANLEITUNG

Der Pullover wird am Halsausschnitt begonnen und in einem Stück gestrickt. Damit die Größe passt, vorab eine Maschenprobe anfertigen.

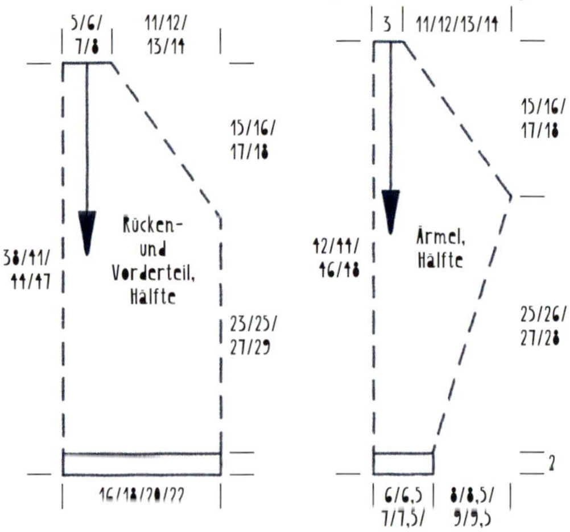

60/66/72/78 M anschl, die M zur Rd schließen und den Rd-Wechsel mit einem M-Markierer kennzeichnen (= hintere Mitte). Anschließend 7 Rd kraus rechts str, dabei mit einer Rd linken M beginnen. Den M-Markierer entfernen.

Die M wie folgt einteilen und dabei M-Markierer setzen: 12/14/16/18 M (= halbes Rückenteil), 1. M-Markierer, 6/5/4/3 M (= Ärmel), 2. M-Markierer, 24/28/32/36 M (= Vorderteil), 3. M-Markierer, 6/5/4/3 M (= Ärmel), 4. M-Markierer, 12/14/16/18 M (= halbes Rückenteil).

Weiter bis zum 1. M-Markierer str. Der Rundenbeginn liegt ab jetzt hier. Die Ärmel werden glatt rechts gestrickt, Vorder- und Rückenteil im Lochmuster.

Nun die Zunahmen für die Raglanschrägung str. Dafür in jeder 2. Rd je 18x/20x/22x/24x 8 M wie folgt zunehmen: 2 M rechts, 1 U, weiter glatt rechts str bis 2 M vor dem 2. M-Markierer, 1 U, 4 M rechts, 1 U, 1 M rechts, weiter im Lochmuster str bis 2 M vor dem 3. M-Markierer, 1 U, 4 M rechts, 1 U, weiter glatt rechts str bis 2 M vor dem 4. M-Markierer, 1 U, 4 M rechts, 1 U, 1 M rechts, weiter im Lochmuster str bis 2 M vor dem 1. M-Markierer, 1 U, 2 M rechts. Mit steigender M-Zahl dabei dann auf die längere Rundstricknd wechseln.

Nach 18/20/22/24 Zunahme-Rd sind 204/226/248/270 M auf der Nd: 30/34/38/42 M (= halbes Rückenteil), 42/45/48/51 M (= Ärmel), 60/68/76/84 M (= Vorderteil), 42/45/48/51 M (= Armel), 30/34/38/42 M (= halbes Rückenteil). Die maximale M-Zahl und die Armlochhöhe sind nun erreicht.

Nun zunächst Vorder- und Rückenteil beenden. Dafür die M der Ärmel stilllegen, die Arbeit wieder zur Rd schließen und weiter im Lochmuster über die M von Rücken- und Vorderteil str. Nach 23/25/27/29 cm weiter kraus rechts str, nach 9 Rd die M abk, dabei auf einen elastischen Abschluss achten.

Weiter mit den stillgelegten M des rechten Ärmels str. Die M auf den Nd des Ndspiels gleichmäßig verteilen. Die M zur Rd schließen und 2 Rd glatt rechts str, am Rd-Wechsel einen M-Markierer setzen.

Für die Ärmelschrägung in jeder 12. Rd 5x/5x/6x/6x 2 M abnehmen. Dafür jeweils die beiden M nach dem M-Markierer rechts zusammenstr, die beiden M vor dem M-Markierer rechts überzogen zusammenstr. Nach den Abnahme-Rd noch 0/12/0/12 Rd glatt rechts str, dann noch 7 Rd kraus rechts str, dabei mit 1 Rd linken M beginnen. In der letzten Rd die M abk und auf einen elastischen Abschluss achten.

Den linken Ärmel genauso str.

Fertigstellen

Das Teil anfeuchten und spannen, die Fäden vernähen. Den Übergang von Vorderteil und Rückenteil zu den Ärmeln mit ein paar Stichen schließen.

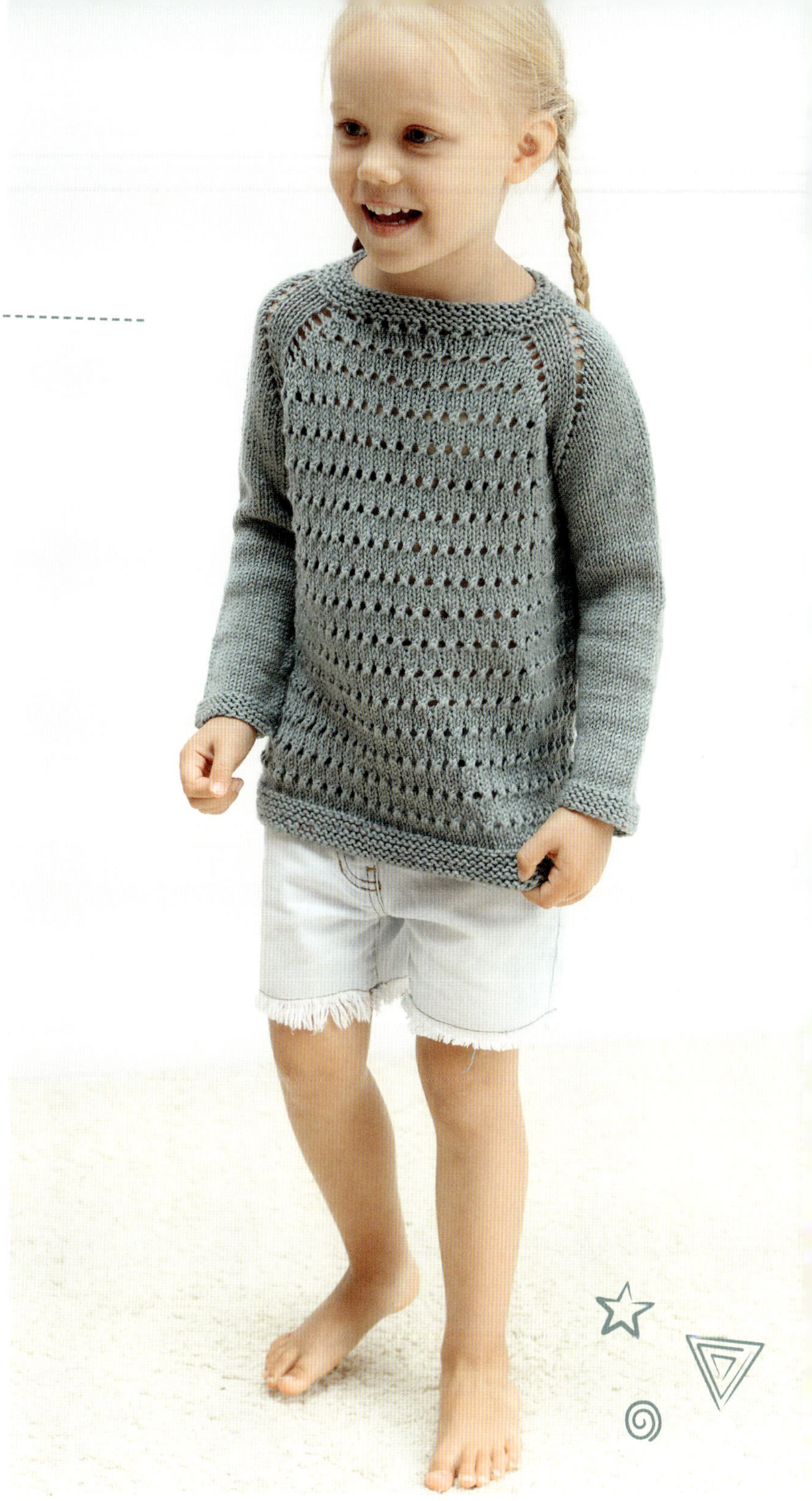

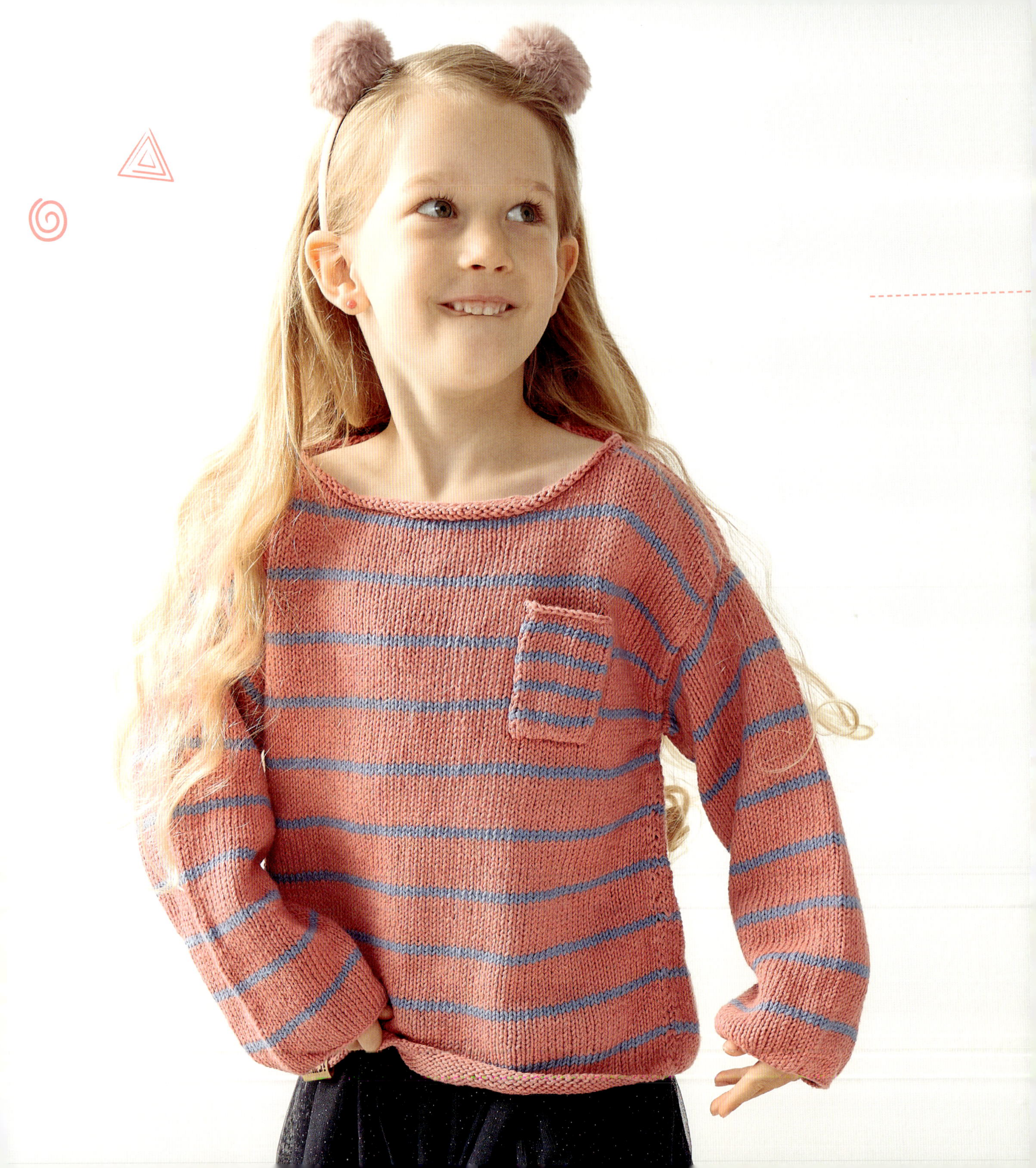

#bestfriendsforever

Shirt mit Ringeln und Brusttasche

Schwierigkeitsgrad 1

Größen

98-104/110-116/122-128/134-140

Die Angaben für Größe 98-104 stehen vor dem 1. Schrägstrich, die Angaben für Größe 110-116 stehen nach dem 1. Schrägstrich, die Angaben für Größe 122-128 stehen nach dem 2. Schrägstrich und die Angaben für Größe 134-140 stehen nach dem 3. Schrägstrich. Steht nur eine Angabe, so gilt diese für alle Größen.

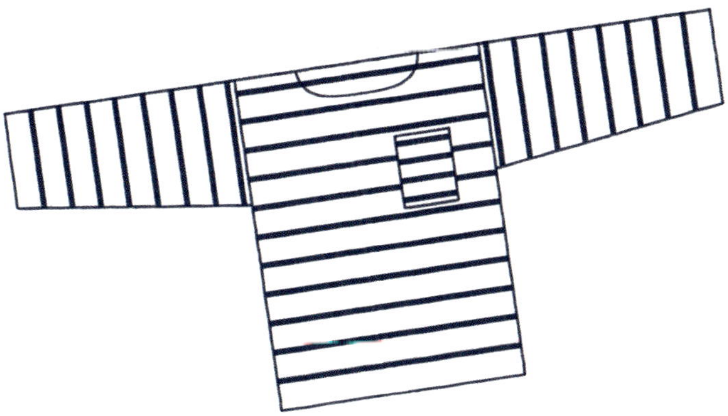

Material

* Woll Butt Primo Kaschmirina (LL 125 m/50 g) in Altrosa (Fb 14211), 200/250/300/350 g und Jeans (Fb 14212), 50/50/100/100 g
* Stricknadeln 3,5 mm
* Nadelspiel 3,5 mm
* Wollnadel

Maschenprobe

Glatt rechts mit Nd 3,5 mm
22 M und 30 R = 10 cm x 10 cm

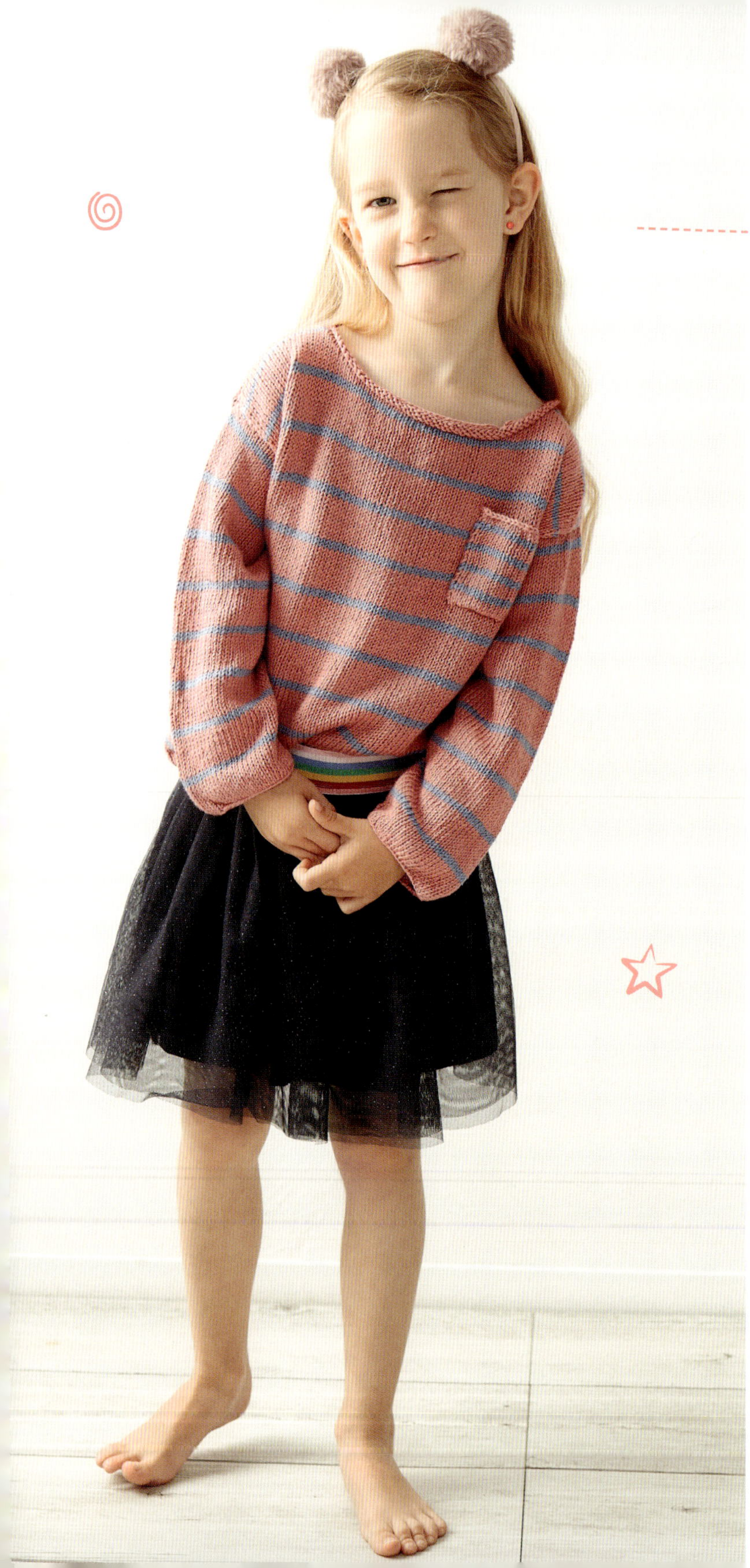

Glatt rechts

In Hinr rechte M, in Rückr linke M str. In Rd alle M rechts str.

Streifenfolge 1

10 R in Altrosa, 2 R in Jeans im Wechsel str.

Streifenfolge 2

4 R in Altrosa, 2 R in Jeans im Wechsel str.

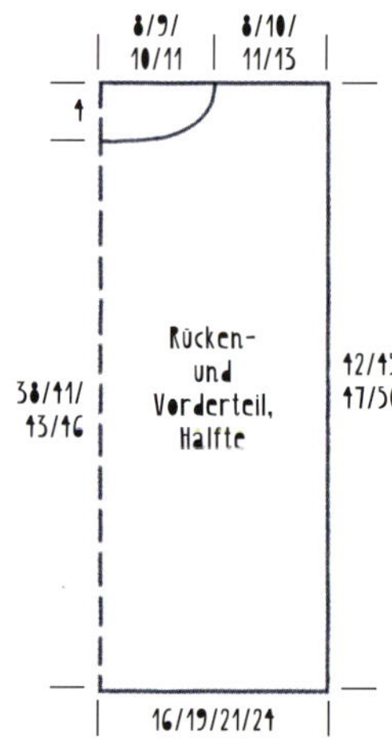

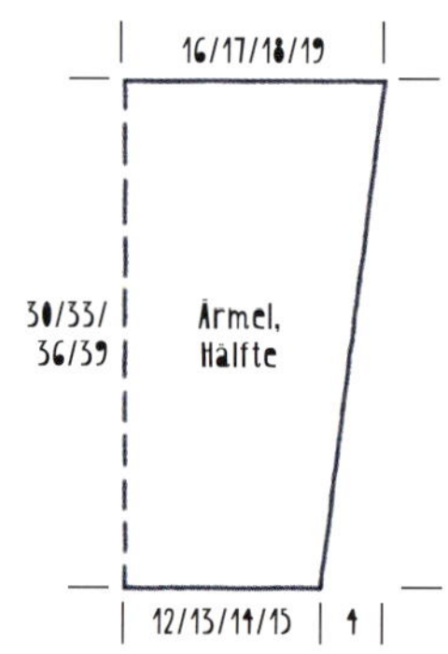

ANLEITUNG

Rückenteil

In Altrosa 70/82/92/104 M anschl und glatt rechts in der Streifenfolge 1 str. In 42/45/47/50 cm Höhe (nach 10,5/11,5/11,75/12,5 Streifenrapporten) alle M gerade abk.

Vorderteil

Zunächst wie das Rückenteil str, jedoch für den Halsausschnitt in 38/41/43/46 cm Höhe die mittleren 20/24/28/32 M abk und die Seiten getrennt beenden (pro Seite = 25/29/32/36 M). An der inneren Kante in jeder 2. R noch 1x 4 M, 1x 2 M und 2x 1 M abk (= 17/21/24/28 M). In 42/45/47/50 cm Höhe (nach 10,5/11,5/11,75/12,5 Streifenrapporten) alle M gerade abk. Die 2. Seite gegengleich beenden.

Ärmel (2x)

In Altrosa 52/56/62/66 M anschl und glatt rechts in der Streifenfolge 1 str. Für die Ärmelschrägung wie folgt beidseitig je 1 M zunehmen: 9x in jeder 10. R/5x in jeder 10. R und 4x in jeder 12. R/9x in jeder 12. R/5x in jeder 12. R und 4x in jeder 14. R (= 70/74/80/84 M). In 30/33/36/39 cm Höhe die M gerade abk. Den 2. Ärmel genauso str.

Tasche

In Altrosa 18 M anschl und glatt rechts in der Streifenfolge 2 str. In 9 cm Höhe die M gerade abk, dabei darauf achten, dass in einer R in Altrosa abgekettet wird.

Fertigstellen

Alle Teile anfeuchten und spannen. Die Schulternähte schließen, die Ärmel einsetzen und die Seiten- und Ärmelnähte schließen. Die Tasche platzieren und aufnähen. Aus der Kante des Halsausschnitts mit dem Ndspiel in Altrosa 88/94/98/104 M herausstr und 2 Rd glatt rechts str, dann die M abk, dabei auf einen elastischen Abschluss achten. Alle Fäden vernähen.

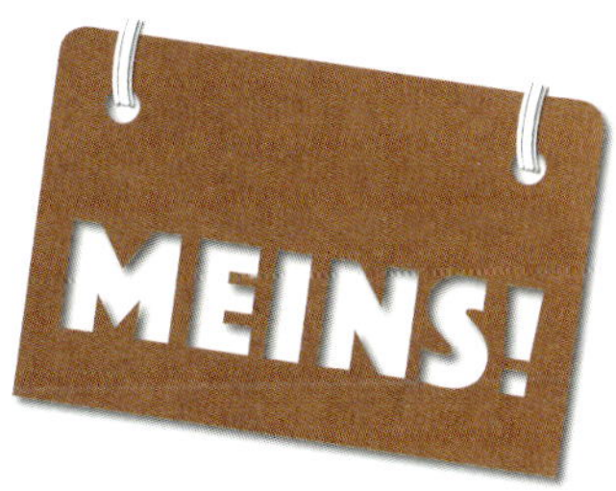

#behonest

Pullover mit breitem Rippenbund

Schwierigkeitsgrad 2

Größen

104/116/128/140

Die Angaben für Größe 104 stehen vor dem 1. Schrägstrich, die Angaben für Größe 116 stehen nach dem 1. Schrägstrich, die Angaben für Größe 128 stehen nach dem 2. Schrägstrich und die Angaben für Größe 140 stehen nach dem 3. Schrägstrich. Steht nur eine Angabe, so gilt diese für alle Größen.

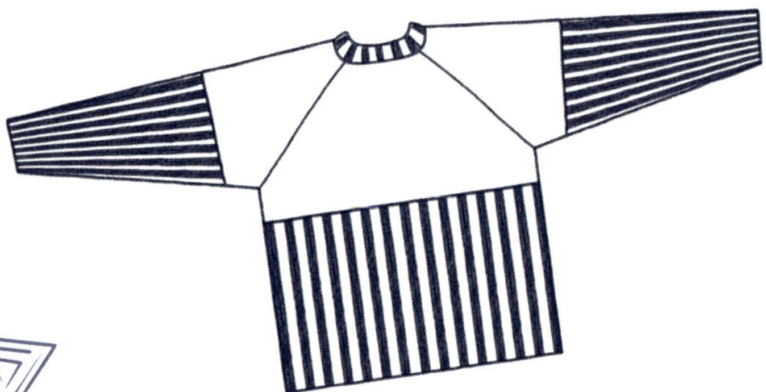

Material

* Lana Grossa Cool Wool Big Melange (LL 120 m/50 g) in Jeans meliert (Fb 328), 300/350/400/450 g
* Rundstricknadeln 4,0 mm, 40 cm und 60 cm lang
* Nadelspiel 4,0 mm
* 4 Maschenmarkierer
* Wollnadel

Maschenprobe

Glatt rechts mit Nd 4,0 mm
19 M und 26 R = 10 cm x 10 cm

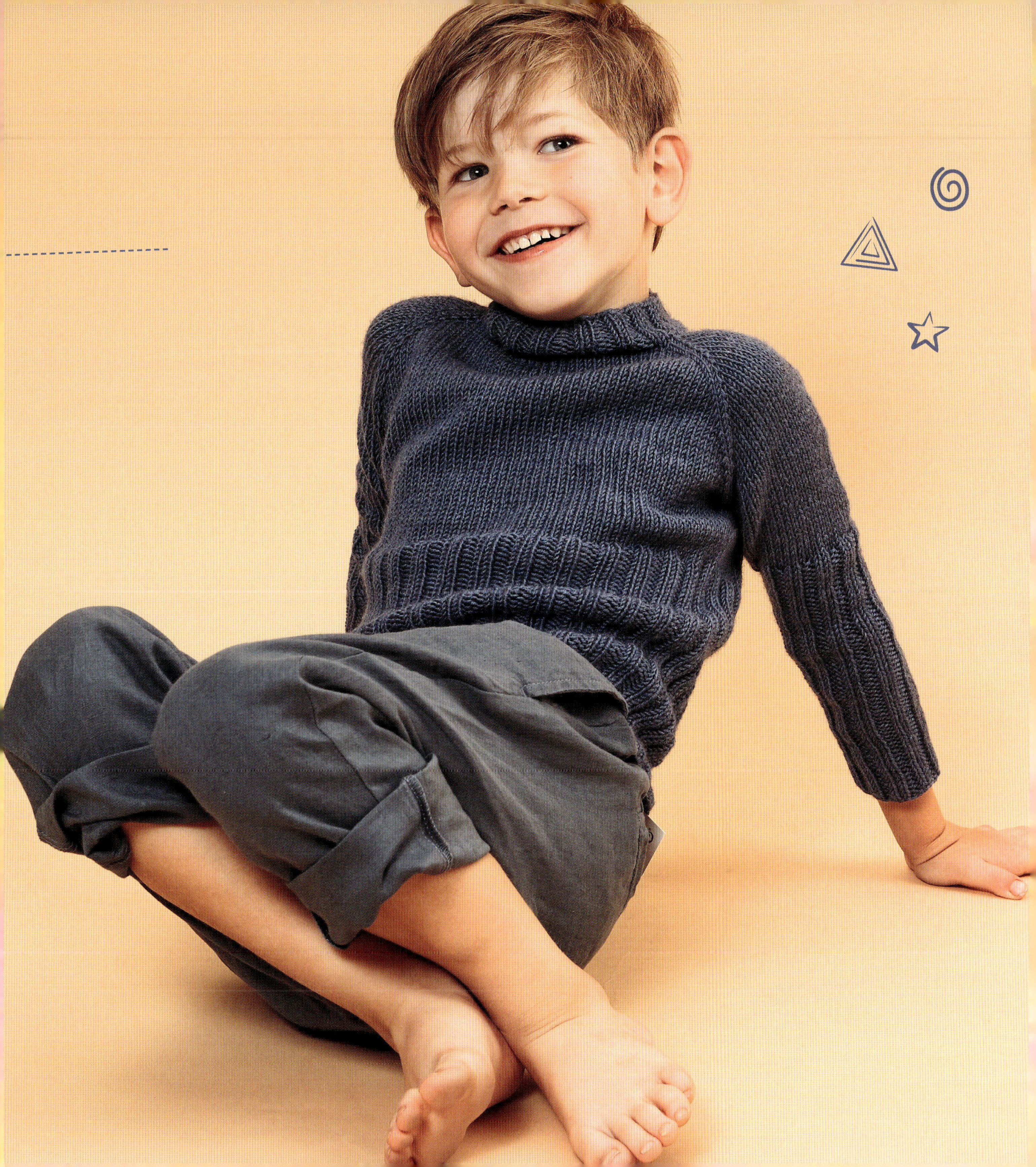

Rippenmuster

In Rd 2 M rechts, 2 M links im Wechsel str.

Glatt rechts

In Rd alle M rechts str.

ANLEITUNG

Der Pullover wird von oben in einem Stück gestrickt. Damit die Größe passt, unbedingt vorab eine Maschenprobe anfertigen.

Am Stehbündchen beginnen. 60/64/72/76 M anschl und die Arbeit zur Rd schließen. An den Rd-Wechsel (= hintere Mitte) einen M-Markierer setzen. Im Rippenmuster str. In 2,5/2,5/3/3 cm Höhe weiter glatt rechts str. In der 1. Rd 0/2/0/2 M zunehmen (= 1 M direkt nach dem M-Markierer aus dem Querfaden herausstr, 1 M nach der 0./33./0./38. M aus dem Querfaden herausstr) (= 60/66/72/78 M).

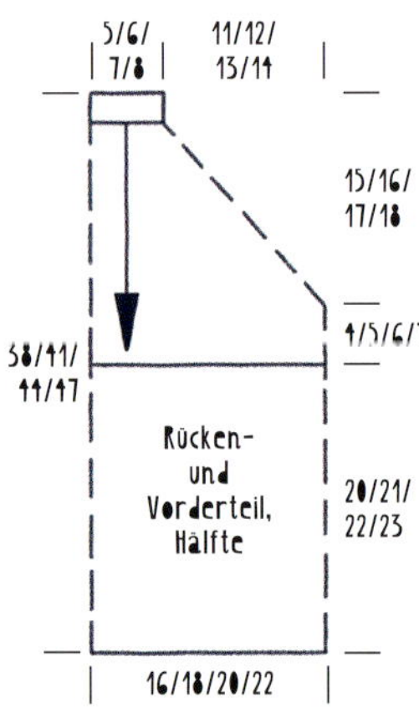

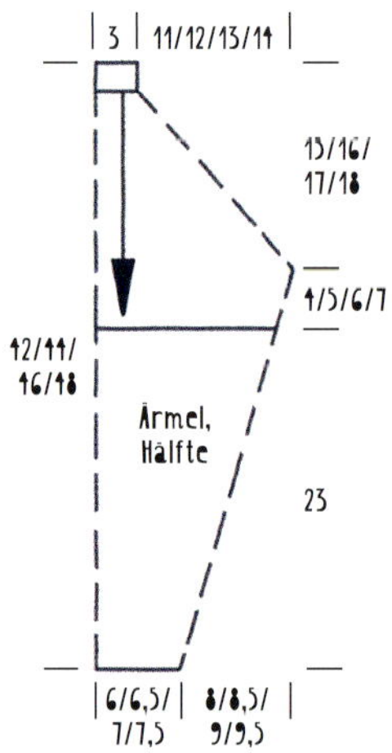

Den M-Markierer entfernen und die M wie folgt einteilen: 12/14/16/18 M für das halbe Rückenteil, 1. M-Markierer, 6/5/4/3 M für den Ärmel, 2. M-Markierer, 24/28/32/36 M für das Vorderteil, 3. M-Markierer, 6/5/4/3 M für den Ärmel, 4. M-Markierer, 12/14/16/18 M für das halbe Rückenteil.

Weiter bis zum 1. M-Markierer str, der Rd-Beginn liegt ab jetzt hier.

Die Zunahmen für die Raglanschrägung str. Dafür in jeder 2. Rd je 18x/20x/22x/24x 8 M wie folgt zunehmen:

1 M rechts, 1 M zunehmen, weiter glatt rechts str bis 1 M vor dem 2. M-Markierer, 1 M zunehmen, 2 M rechts, 1 M zunehmen, 1 M rechts, weiter glatt rechts str bis 1 M vor dem 3. M-Markierer, 1 M zunehmen, 2 M rechts, 1 M zunehmen, weiter glatt rechts str bis 1 M vor dem 4. M-Markierer, 1 M zunehmen, 2 M rechts, 1 M zunehmen, 1 M rechts, weiter glatt rechts str bis 1 M vor dem 1. M-Markierer, 1 M zunehmen, 1 M rechts. Mit steigender M-Zahl dabei dann auf die längere Rundstricknd wechseln.

Nach 18/20/22/24 Zunahme-Rd sind 204/226/248/270 M auf der Nd: 30/34/38/42 M für das halbe Rückenteil, 42/45/48/51 M für den Ärmel, 60/68/76/84 M für das Vorderteil, 42/45/48/

51 M für den Ärmel, 30/34/38/42 M für das halbe Rückenteil. Die maximale M-Zahl und die Armlochhöhe sind nun erreicht.
Die Arbeit teilen und zunächst den Körper fertigstr. Dafür die M der Ärmel stilllegen und weiter glatt rechts über die M von Rücken- und Vorderteil str (= 120/136/152/168 M). Dafür die Arbeit wieder zur Rd schließen. Weitere 4/5/6/7 cm glatt rechts st, dann im Rippenmuster noch 20/21/22/23 cm str. Alle M abk, dabei auf einen elastischen Abschluss achten.
Weiter mit den stillgelegten M des rechten Ärmels str, dabei den Rd-Wechsel mit einem M-Markierer markieren. Die M zur Rd schließen und in Rd glatt rechts str. Dabei in jeder 6. R noch 1x/1x/2x/3x 2 M abnehmen: In den Abnahme-Rd jeweils die beiden M nach dem M-Markierer rechts zusammenstr, die beiden M vor dem M-Markierer rechts überzogen zusammenstr. Wenn die Rundstricknadel zu lang wird, auf das Ndspiel wechseln. Nach 10/14/18/24 Rd glatt rechts noch 0/1x/0/1x 1 M abnehmen, dafür die M vor dem M-Markierer und nach dem M-Markierer miteinander rechts zusammenstr. Noch 23 cm im Rippenmuster str, bis die passende Ärmellänge erreicht ist und alle M abk.

Fertigstellen

Alle Fäden vernähen. Den Pullover anfeuchten und spannen.

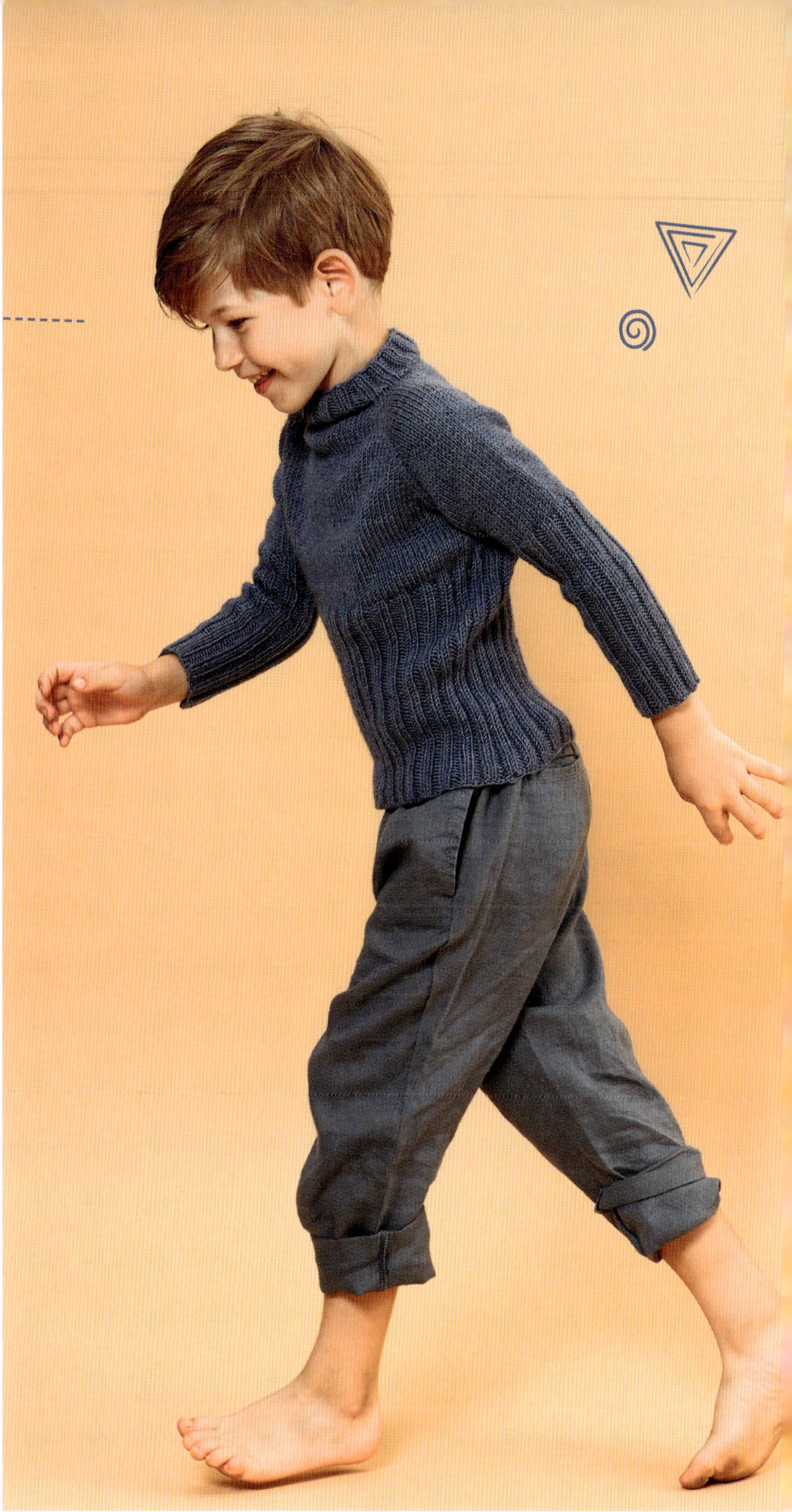

#strongkids

Cardigan mit Kontrastkante und Ringeln

Schwierigkeitsgrad 3

Größen

98-104/110-116/122-128/134-140

Die Angaben für Größe 98-104 stehen vor dem 1. Schrägstrich, die Angaben für Größe 110-116 stehen nach dem 1. Schrägstrich, die Angaben für Größe 122-128 stehen nach dem 2. Schrägstrich und die Angaben für Größe 134-140 stehen nach dem 3. Schrägstrich. Steht nur eine Angabe, so gilt diese für alle Größen.

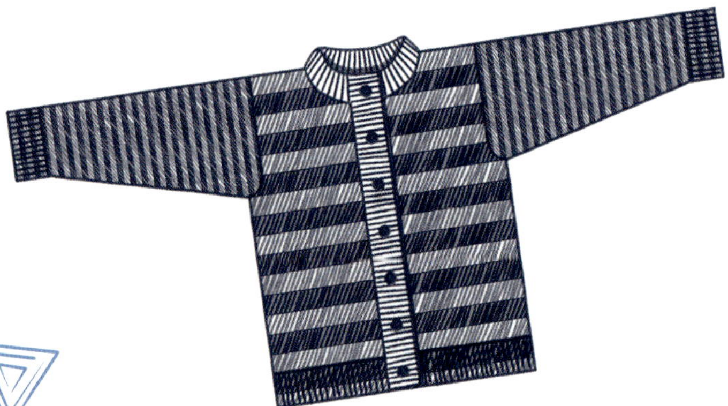

Material

* Woll Butt Primo Kaschmirina (LL 125 m/ 50 g) in Hellgrau (Fb 14218) und Taupe (Fb 14217), je 100/150/200/200 g und Jeans (Fb 14212), 50 g
* Stricknadeln 3,0 mm und 3,5 mm
* 6/6/7/7 Knöpfe, ø 18 mm
* Wollnadel

Maschenprobe

Glatt rechts mit Nd 3,5 mm
22 M und 30 R = 10 cm x 10 cm

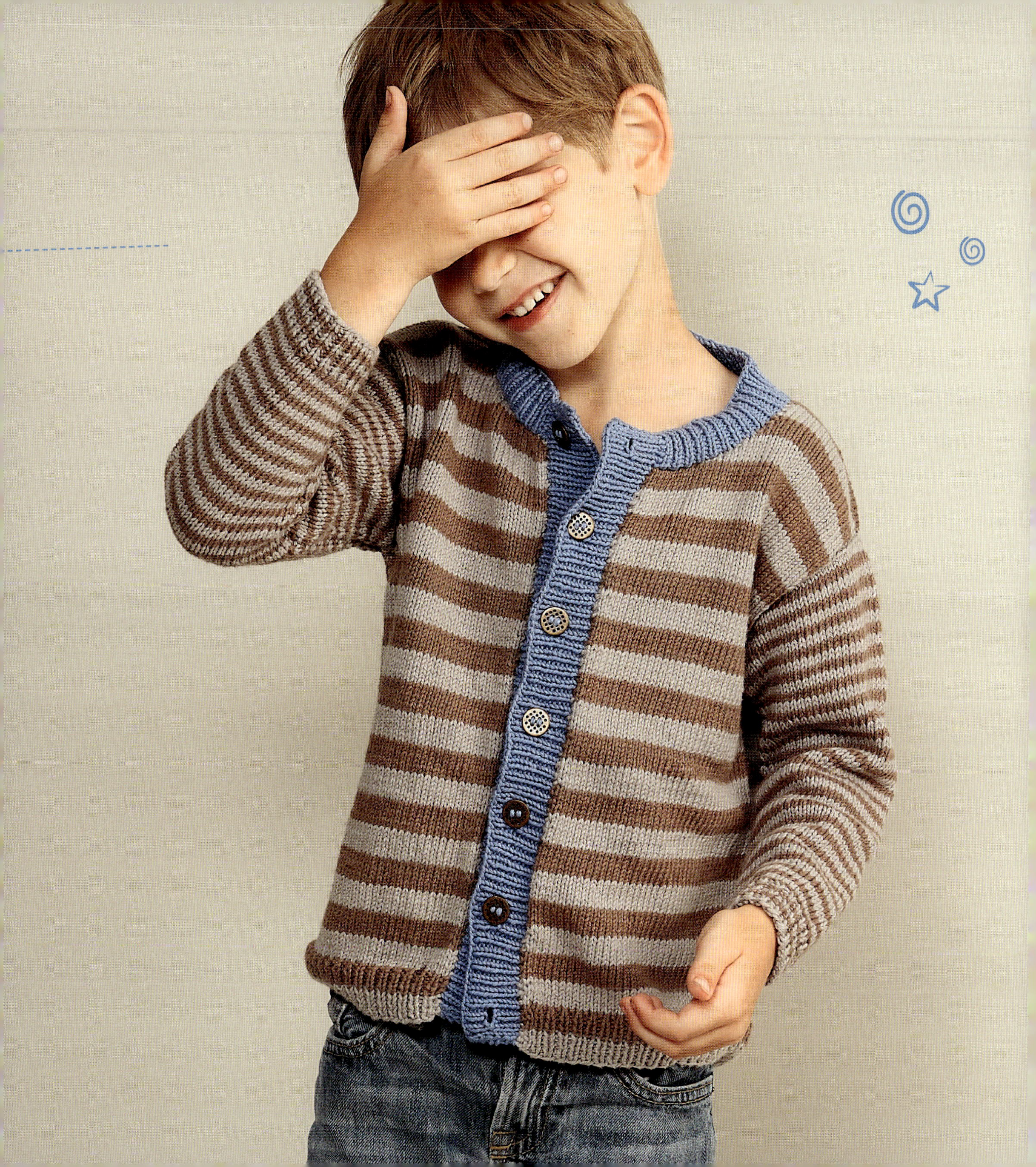

Rippenmuster

1 M rechts, 1 M links im Wechsel str.

Glatt rechts

In Hinr rechte M, in Rückr linke M str.

Streifenfolge 1

6 R in Hellgrau, 6 R in Taupe im Wechsel str.

Streifenfolge 2

2 R in Hellgrau, 2 R in Taupe im Wechsel str.

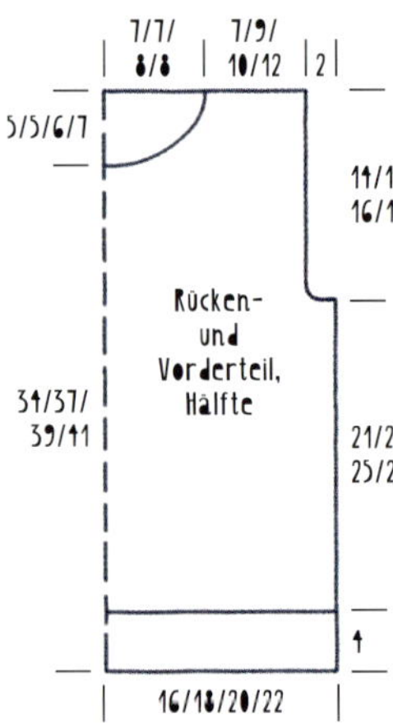

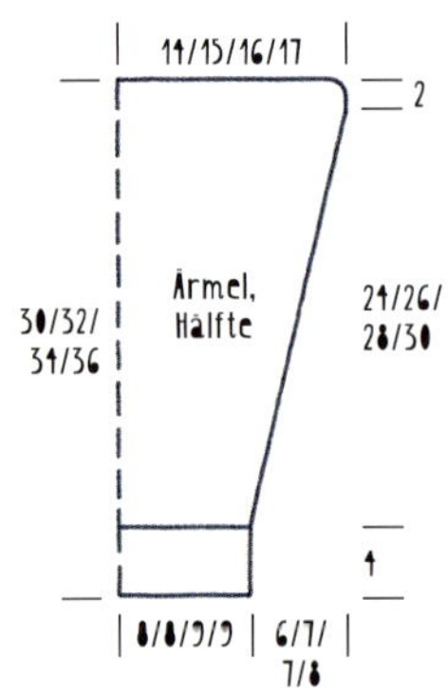

ANLEITUNG

Rückenteil

Das Rückenteil in der Streifenfolge 1 str. In Hellgrau 72/80/88/96 M mit Nd 3,5 mm anschl und im Rippenmuster str, dabei die Streifenfolge 1 einhalten. Nach 12 R (= 1 Streifen in Hellgrau, 1 Streifen in Taupe) weiter glatt rechts str. In 25/27/29/31 cm Höhe für die Armausschnitte beidseitig in jeder 2. R 2x 2 M abk (= 64/72/80/88 M). Weiter gerade hoch str, und dann in 39/42/45/48 cm Höhe die M gerade abk. Besonders schön sieht die Schulter später aus, wenn die M nach einer halben Streifenbreite, also in einer 4. R eines Streifens abgekettet werden.

Rechtes Vorderteil

Das rechte Vorderteil in der Streifenfolge 1 str. In Hellgrau 34/38/42/46 M mit Nd 3,5 mm anschl und im Rippenmuster str, dabei die Streifenfolge 1 einhalten. Nach 12 R weiter glatt rechts str. In 25/27/29/31 cm Höhe für den Armausschnitt an der linken Kante in jeder 2. R 2x 2 M abk (= 30/34/38/42 M). Weiter gerade hoch str und dann in 34/37/39/41 cm Höhe den Halsausschnitt beginnen. Dafür an der rechten Kante in jeder 2. R 1x 7 M, 1x 4 M, 1x 2 M und 2x 1 M/1x 7 M, 1x 4 M, 1x 2 M und 2x 1 M/1x 7 M, 1x 4 M, 2x 2 M und 2x 1 M/1x 7 M, 1x 4 M, 2x 2 M und 2x 1 M abk (= 15/19/21/25 M). In 39/42/45/

48 cm Höhe die M gerade abk. Wie beim Rückenteil die M möglichst nach einer halben Streifenbreite, also in einer 4. R eines Streifens abk.

Linkes Vorderteil

Das linke Vorderteil gegengleich zum rechten Vorderteil str.

Ärmel (2x)

Die Ärmel in der Streifenfolge 2 str. In Hellgrau 36/36/40/40 M mit Nd 3,5 mm anschl und im Rippenmuster str. Nach 12 R weiter glatt rechts str und mit den Zunahmen für die Ärmelschrägung beginnen. Dafür beidseitig M zunehmen: In jeder 4. R 3x/6x/3x/9x 1 M, in jeder 6. R 10x/9x/12x/9x 1 M zunehmen (= 62/66/70/76 M). In 28/30/32/34 cm Höhe noch beidseitig in jeder 2. R 1x 2 M und 2x 1 M abk, dann die restlichen M gerade abk. Den 2. Ärmel genauso str.

Fertigstellen

Alle Teile anfeuchten und spannen. Die Schulternähte schließen, die Ärmel einsetzen und die Seiten- und Ärmelnähte schließen.

Aus der Kante des Halsausschnitts in Jeans mit Nd 3,0 mm 75/81/91/99 M herausstr und weiter im Rippenmuster arb. In 2,5/2,5/3/3,5 cm Höhe die M abk, dabei auf einen elastischen Abschluss achten.

Aus den Kanten des rechten Vorderteils in Jeans mit Nd 3,0 mm 81/96/107/119 M herausstr, dabei jeweils aus 4 R des Vorderteils 3 M herausstr, um die passende M-Zahl zu erreichen. In 2,5/2,5/3/3,5 cm Höhe die M abk, dabei auf einen elastischen Abschluss achten. Aus den Kanten des linken Vorderteils in Jeans mit Nd 3,0 mm die gleiche Anzahl M herausstr und 3 R im Rippenmuster str. Dann 6/6/7/7 Knopflöcher arb: Rdm, 3 M im Rippenmuster, * 3 M im Muster abk, 11/14/13/15 M im Rippenmuster, ab * noch 4x/4x/5x/5x wdh, 2 M im Muster abk, 3 M im Rippenmuster str, Rdm. In der nächsten R über den abgeketteten M jeweils 1 U locker auf die Nd nehmen, daraus in der darauffolgenden R jeweils 1 M rechts, 1 M rechts verschränkt, 1 M rechts herausstr. Diese M in den folgenden R im Rippenmuster ergänzen. In 2,5/2,5/3/3,5 cm Höhe die M abk, dabei auf einen elastischen Abschluss achten. Die Knöpfe an die Blende des rechten Vorderteils annähen. Alle Fäden vernähen.

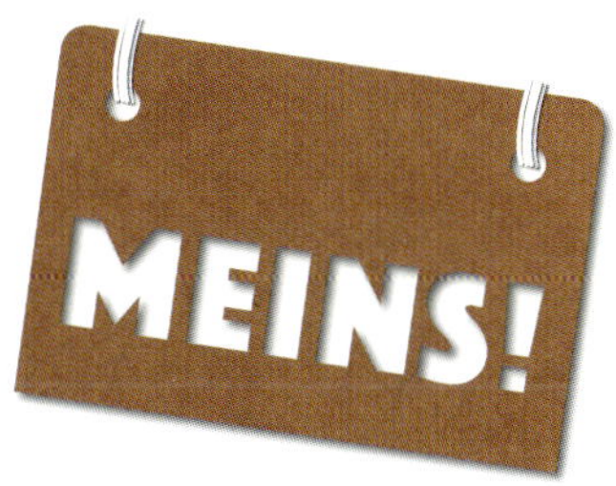

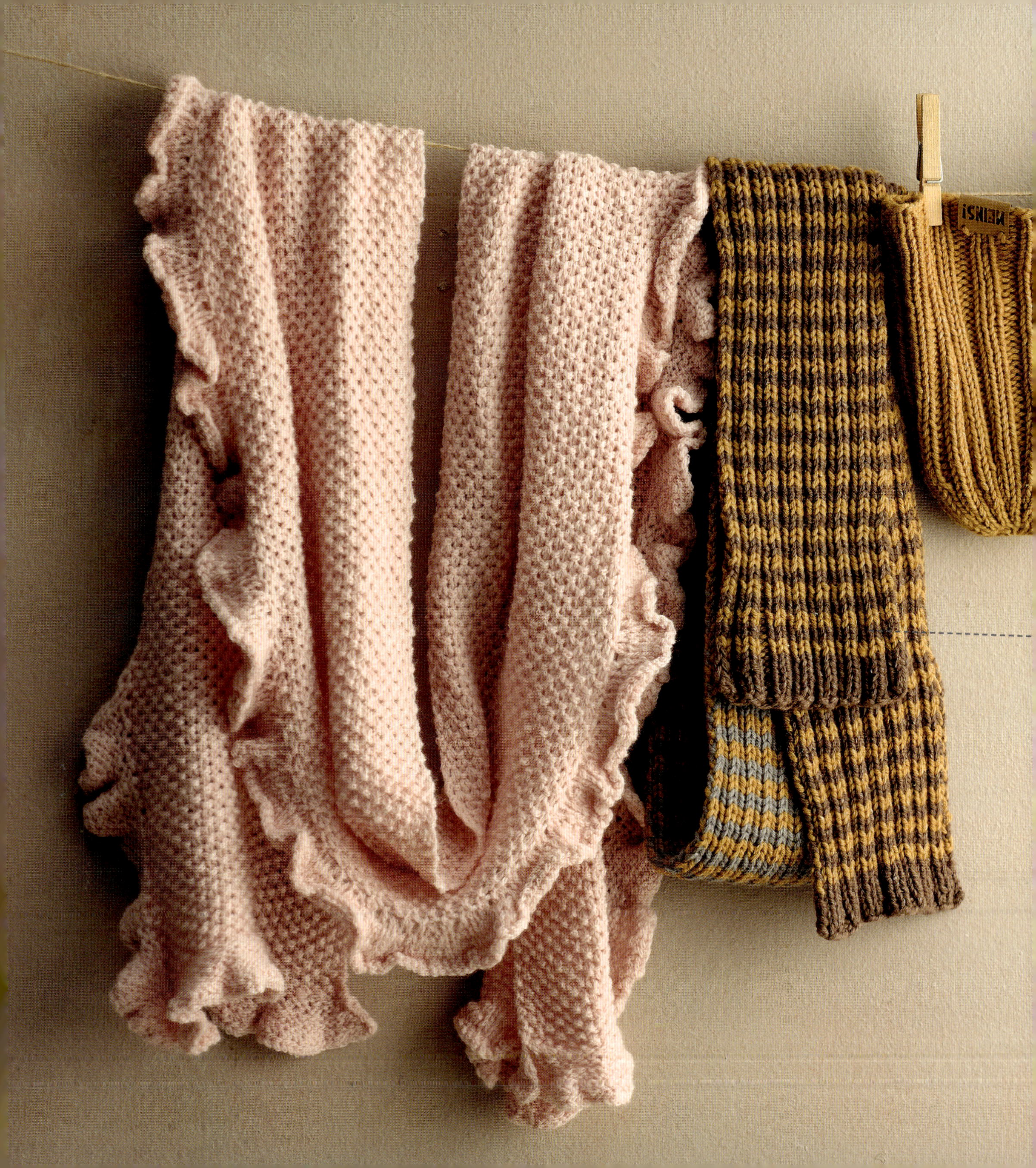

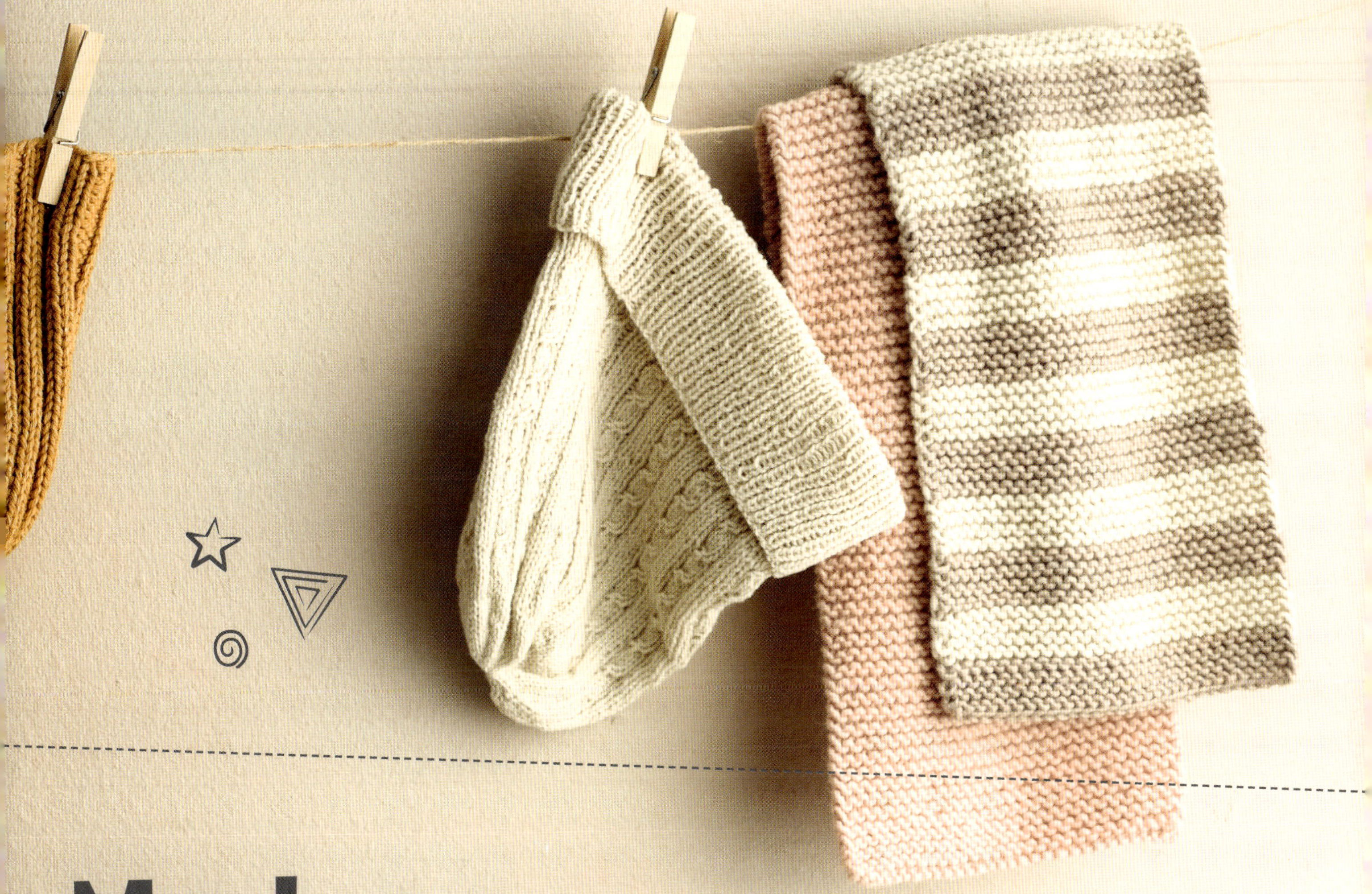

Mützen und Schals

#software

Schal in Pastelltönen

Schwierigkeitsgrad 1

Größe

18 cm x 170 cm

Material

* Lana Grossa Bingo Mélange (LL 80 m/ 50 g) in Rosa meliert (Fb 234), 100 g, Natur meliert (Fb 238), 150 g und Graubeige meliert (Fb 252), 50 g
* Stricknadeln 5,0 mm
* Wollnadel

Maschenprobe

Kraus rechts mit Nd 5,0 mm
16 M und 30 R = 10 cm x 10 cm

Kraus rechts

In Hin- und Rückr rechte M str.

Streifenfolge

8 R in Graubeige meliert, 8 R in Natur meliert im Wechsel str.

ANLEITUNG

In Rosa meliert 30 M anschl und kraus rechts str. In 56 cm Höhe weiter in Natur meliert str. Nach insgesamt 112 cm weiter in der Streifenfolge str, bis der Schal ca 170 cm lang ist. Mit einem Streifen in Graubeige meliert den Schal beenden, d.h. in einer weiteren R in Graubeige (= 9. R des Streifens) alle M abk.

Fertigstellen

Alle Fäden vernähen. Den Schal anfeuchten und spannen.

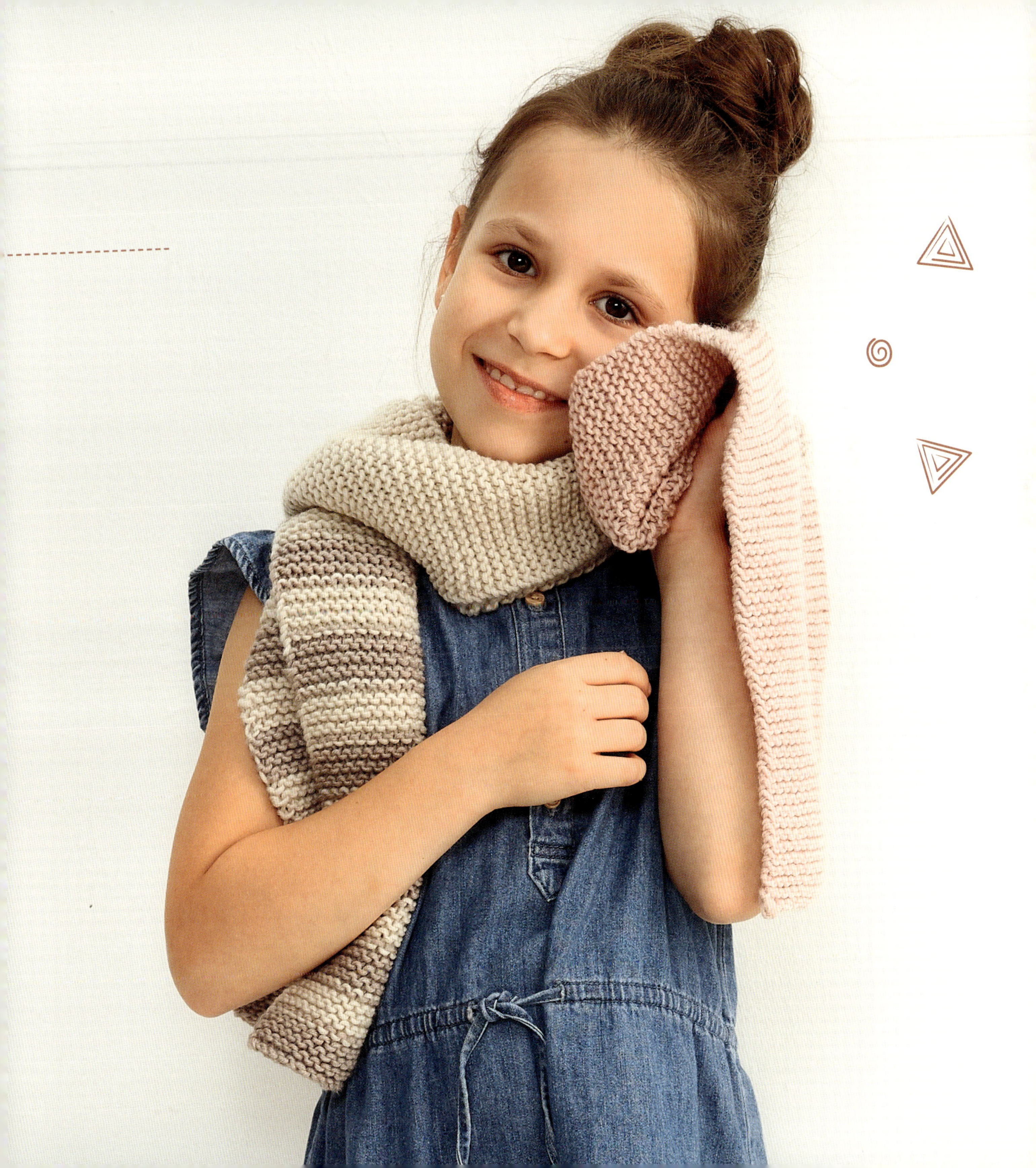

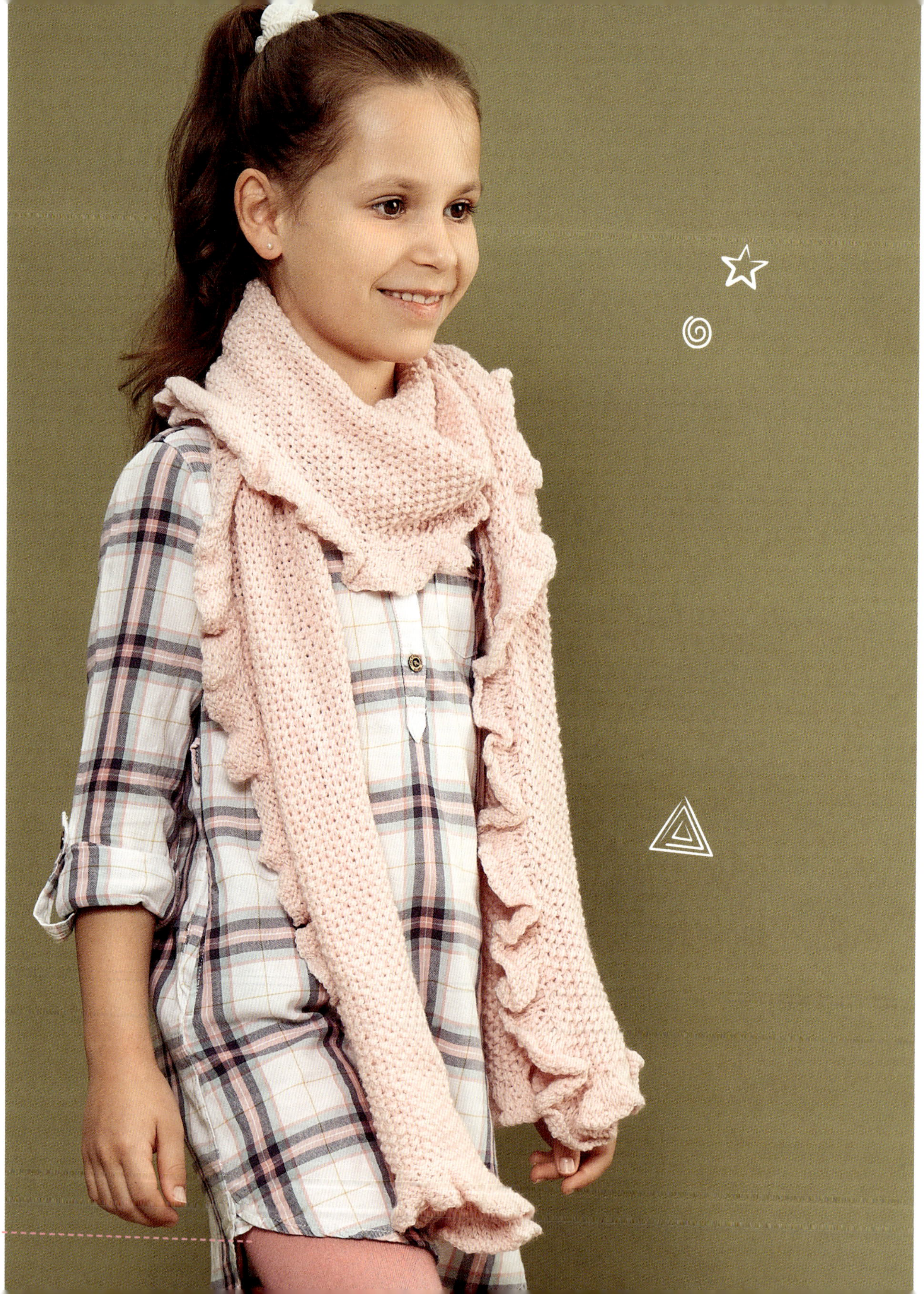

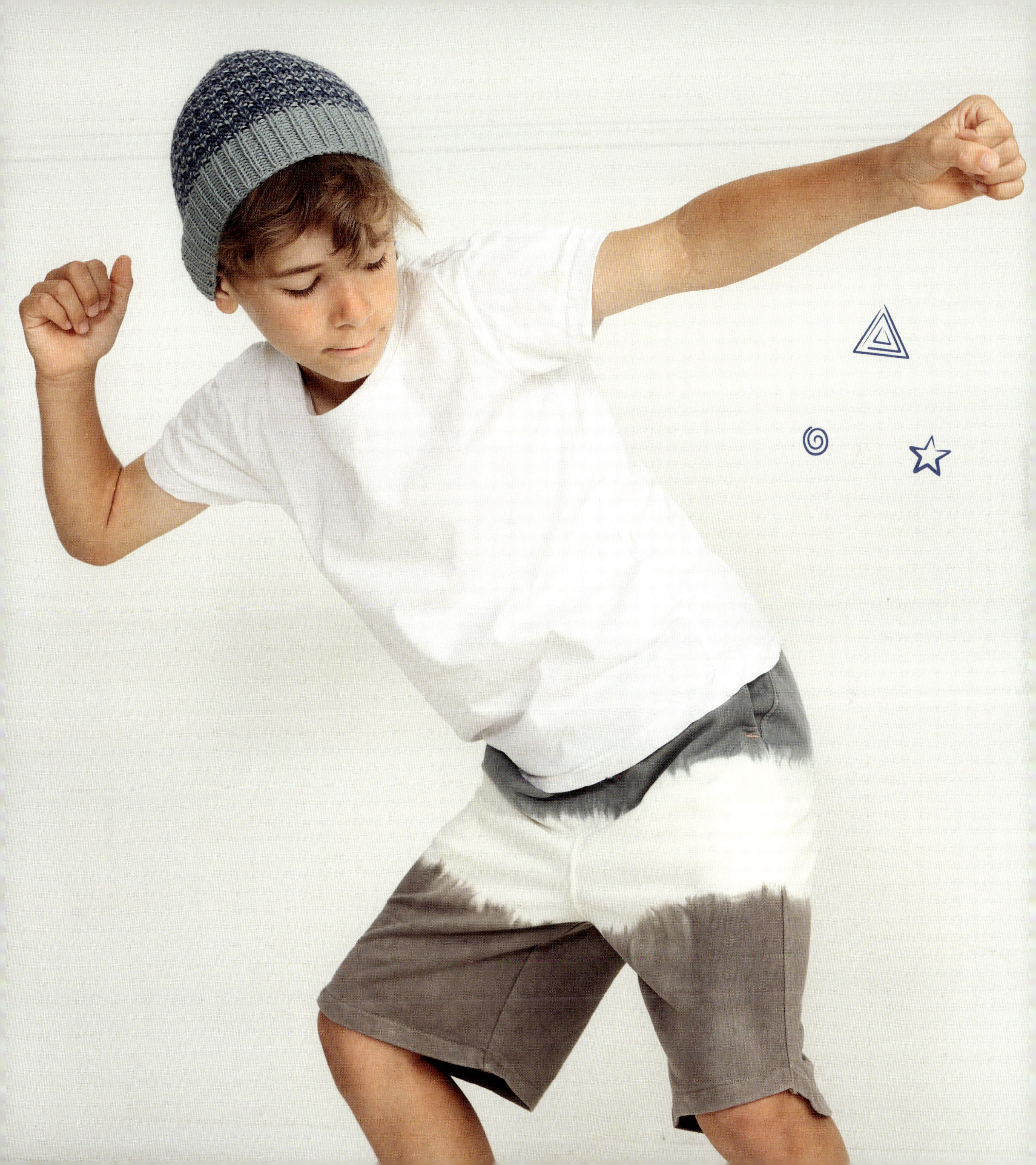

#socute

Tuch mit Rüschen und Perlmuster

Schwierigkeitsgrad 1

Größe

18 cm x 150 cm

Material

* Lana Grossa Landlust Merino 120 (LL 120 m/50 g) in Pastellrosa (Fb 102), 150 g
* Rundstricknadel 6,0 mm, 100 cm lang
* 2 Maschenmarkierer
* Wollnadel

Maschenprobe

Im Perlmuster mit Nd 6,0 mm
18 M und 25 R = 10 cm x 10 cm

Perlmuster

Gerade M-Zahl

1. R: 1 M rechts, 1 M links im Wechsel str.

2. R: 1 M links, 1 M rechts im Wechsel str.

Die 1.+2. R fortlaufend wdh.

Glatt rechts

In Hinr rechte M, in Rückr linke M str.

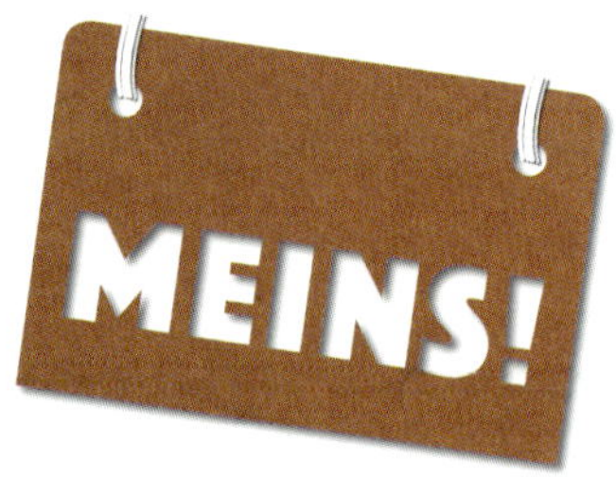

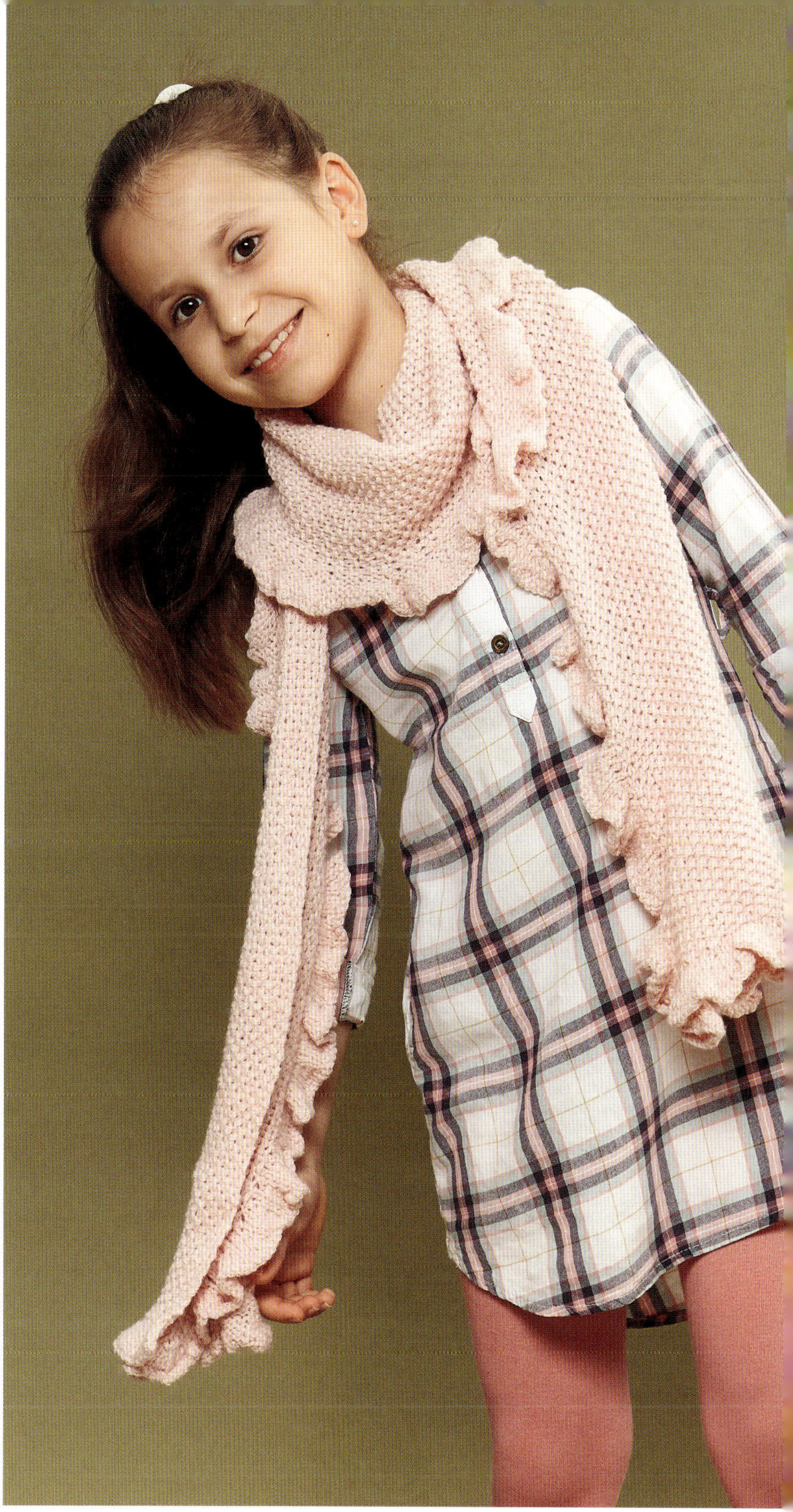

ANLEITUNG

32 M anschl und im Perlmuster str. In 150 cm Länge (ca. 375 R) die M abk.

Für die Rüsche aus den beiden kurzen Kanten und einer langen Kante ca. 330 M herausstr, dabei die M in den Ecken mit einem M-Markierer kennzeichnen.

1. R (Rückr): Linke M str, dabei aus den markierten M je 3 M herausstr (= 1 M rechts, 1 M rechts verschränkt, 1 M rechts str).

2. R: * 1 M rechts, 1 M verdoppeln (= 1 M rechts, 1 M rechts verschränkt), ab * fortlaufend wdh.

3. R: Alle M links str.

4. R: * 2 M rechts, 1 M verdoppeln, ab * fortlaufend wdh.

5. R: Linke M str.

6. R: * 1 M rechts, 1 M verdoppeln, ab * fortlaufend wdh.

7. R (Rückr): Alle M rechts abk.

Fertigstellen

Alle Fäden vernähen. Den Schal anfeuchten und spannen.

#wonderland

Mütze mit dreifarbigem Strukturmuster

Schwierigkeitsgrad 2

Größen

Kopfumfang 50-52/52-54/54-56 cm

Die Angaben für Größe 50-52 stehen vor dem 1. Schrägstrich, die Angaben für Größe 52-54 stehen nach dem 1. Schrägstrich, die Angaben für Größe 54-56 stehen nach dem 2. Schrägstrich. Steht nur eine Angabe, so gilt diese für alle Größen.

Material

* Lana Grossa Cool Wool Big Melange (LL 120 m/50 g) in Dunkelblau (Fb 655), Jeans meliert (Fb 328) und Graugrün meliert (Fb 332), je 50 g
* Nadelspiel 3,5 mm
* Wollnadel

Maschenprobe

Im Rippenmuster mit Nd 3,5 mm
20 M und 25 R = 10 cm x 10 cm

Rippenmuster

In Rd 1 M rechts, 1 M links im Wechsel str.

Ringelmuster

1. Rd (Graugrün): Alle M rechts str.

2. Rd (Dunkelblau): 1 M rechts, 1 M links im Wechsel str.

3. Rd (Jeans): Alle M rechts str.

4. Rd (Graugrün): 1 M rechts, 1 M links im Wechsel str.

5. Rd (Dunkelblau): Alle M rechts str.

6. Rd (Jeans): 1 M rechts, 1 M links im Wechsel str.

Die 1.-6. Rd fortlaufend wdh.

ANLEITUNG

In Graugrün meliert 80/88/96 M anschl und die M auf die 4 Nd verteilen, die Arbeit zur Rd schließen und im Rippenmuster str. In 6 cm Höhe weiter im Ringelmuster arb.

In 18/20/22 cm Höhe nach einer 6. Rd des Ringelmusters mit den Abnahmen beginnen. Dabei weiter die Fb-Folge des Ringelmusters beibehalten.

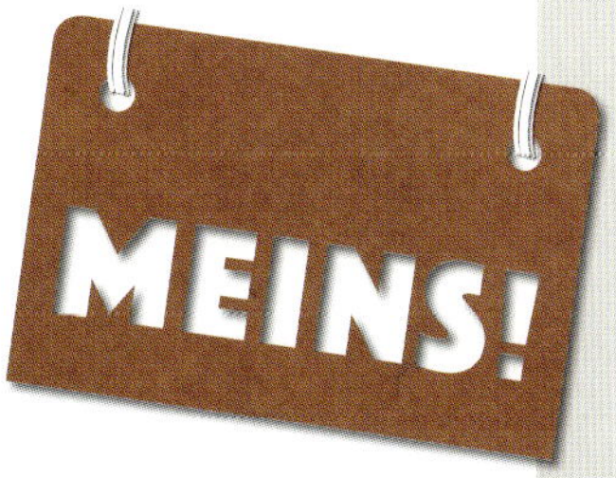

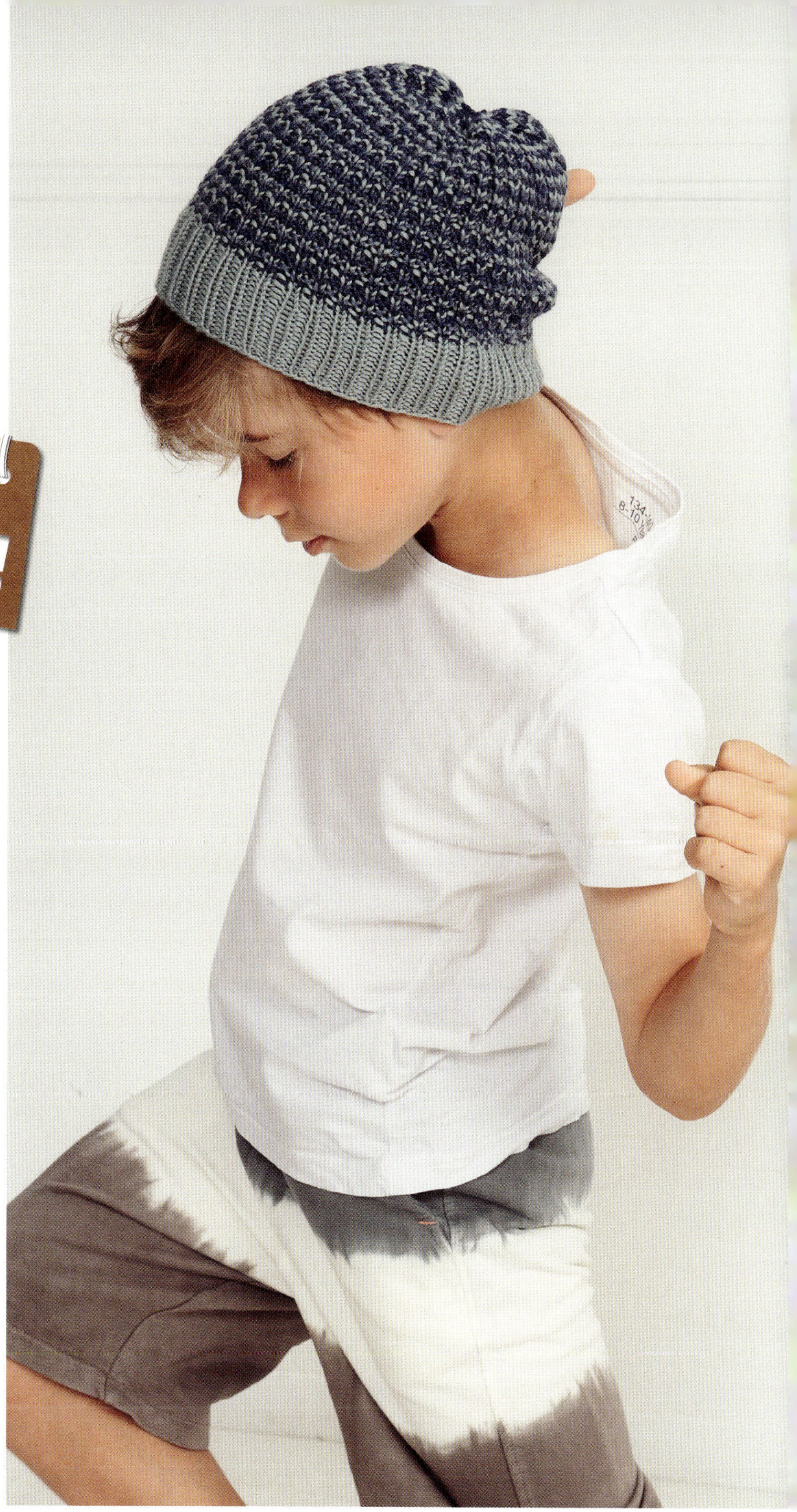

1. Rd: * 2 M rechts zusammenstr, 6 M rechts, ab * fortlaufend wdh (= 70/77/84 M).

2. Rd: * 1 M links, 1 M rechts, 1 M links, 1 M rechts, 1 M links, 1 M rechts, 1 M links, ab * fortlaufend wdh.

3. Rd: Alle M rechts str.

4. Rd: Wie die 2. Rd str.

5. Rd: * 3 M rechts, 2 M rechts zusammenstr, 2 M rechts, ab * fortlaufend wdh (= 60/66/72 M).

6. Rd: * 1 M links, 1 M rechts, 2 M links, 1 M rechts, 1 M links, ab * fortlaufend wdh.

7. Rd: Alle M rechts str.

8. Rd: Wie die 6. Rd str.

9. Rd: * 2 M rechts zusammenstr, 4 M rechts, ab * fortlaufend wdh (= 50/55/60 M).

10. Rd: Alle M rechts str.

11. Rd: * 2 M rechts, 2 M rechts zusammenstr, 1 M rechts, ab * fortlaufend wdh (= 40/44/48 M).

12. Rd: Alle M rechts str.

13.+14. Rd: Fortlaufend immer 2 M rechts zusammenstr (= 20/22/24 M).

Den Arbeitsfaden abschneiden, in die Wollnd fädeln und die M damit zusammenziehen. Die Fäden vernähen.

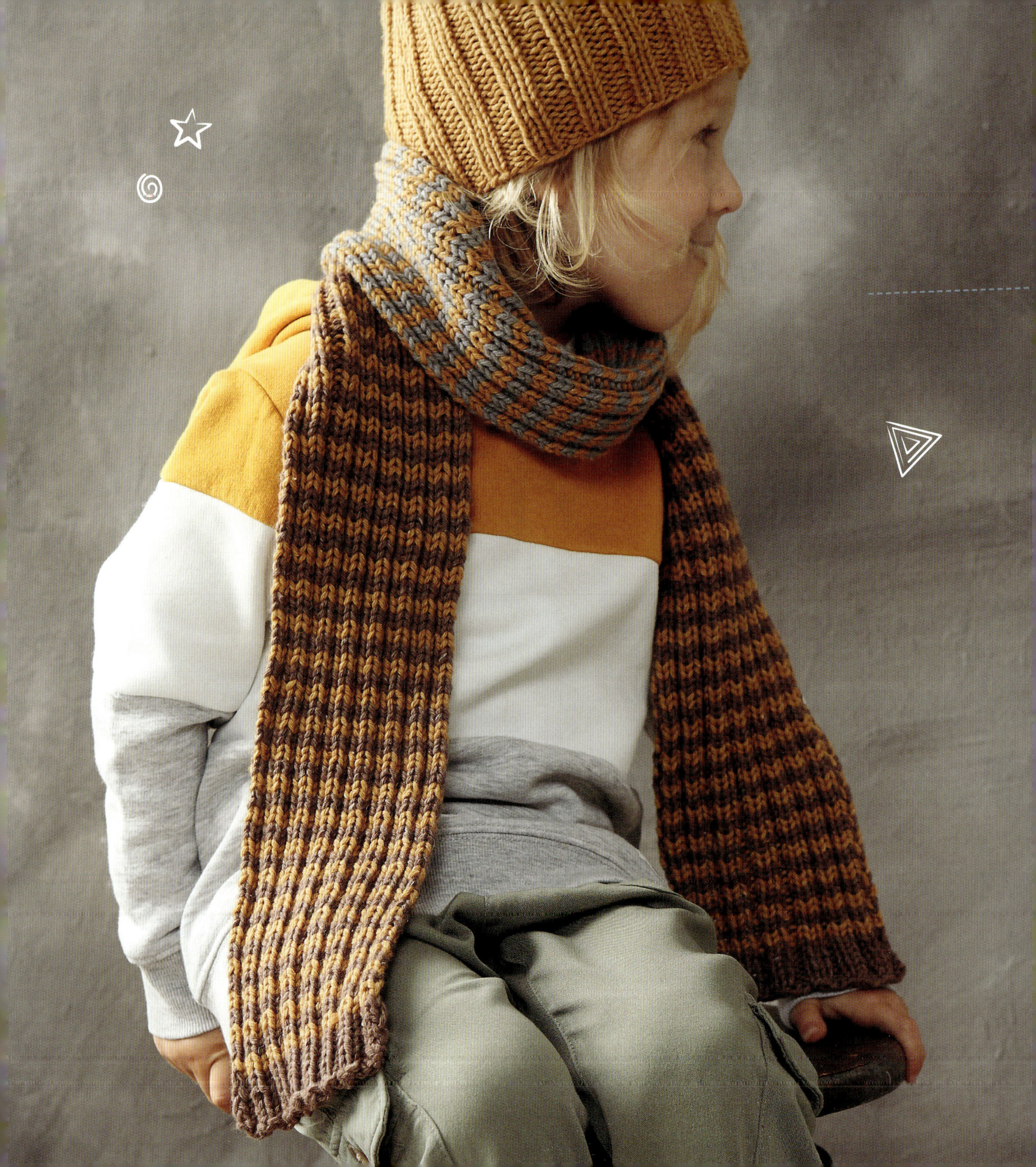

#wrappedup

Rippenschal mit Streifen

Schwierigkeitsgrad 1

Größe
18 cm x 150 cm

Material
* BC Garne Northern Lights (LL 200 m/ 100 g) in Senf (Fb 04), Braun (Fb 07) und Mittelgrau (Fb 22), je 100 g
* Stricknadeln 4,5 mm
* Wollnadel

Maschenprobe
Im Rippenmuster mit Nd 4,5 mm (leicht gedehnt)
16 M und 24 R = 10 cm x 10 cm

Rippenmuster
In R 2 M rechts, 2 M links im Wechsel str.

Streifenfolge 1
2 R Senfgelb, 2 R Braun im Wechsel str.

Streifenfolge 2
2 R Senfgelb, 2 R Mittelgrau im Wechsel str.

ANLEITUNG
In Braun 30 M anschl und im Rippenmuster str. In 3 cm Höhe weiter in Streifenfolge 1 str. In 50 cm Höhe weiter in Streifenfolge 2 str. In 100 cm Höhe wieder zu Streifenfolge 1 wechseln. In 147 cm Höhe noch 3 cm in Braun str, dann alle M gerade abk. Alle Fäden vernähen.

#simplefit

Beanie im Rippenmuster

Schwierigkeitsgrad 1

Größen

Kopfumfang 50-52/52-54/54-56 cm

Die Angaben für Größe 50-52 stehen vor dem 1. Schrägstrich, die Angaben für Größe 52-54 stehen nach dem 1. Schrägstrich, die Angaben für Größe 54-56 stehen nach dem 2. Schrägstrich. Steht nur eine Angabe, so gilt diese für alle Größen.

Material

* BC Garne Northern Lights (LL 200 m/ 100 g) in Senfgelb (Fb 04), 100 g
* Nadelspiel 4,5 mm
* Wollnadel

Maschenprobe

Im Rippenmuster mit Nd 4,5 mm (leicht gedehnt)
16 M und 24 Rd = 10 cm x 10 cm

Rippenmuster

In Rd 2 M rechts, 2 M links im Wechsel str.

ANLEITUNG

64/72/80 M anschl und die M auf die 4 Nd verteilen, die Arbeit zur Rd schließen und weiter im Rippenmuster str.

In 16/18/20 cm Höhe mit den Abnahmen beginnen.

1. Rd: * 2 M rechts, 2 M links zusammenstr, 2 M rechts, 2 M links, ab * fortlaufend wdh (= 56/ 64/72 M).

2.+3. Rd: Die M str, wie sie erscheinen.

4. Rd: * 2 M rechts, 1 M links, 2 M rechts, 2 M links zusammenstr, ab * fortlaufend wdh (= 48/ 56/64 M).

5.+6. Rd: Alle M str, wie sie erscheinen.

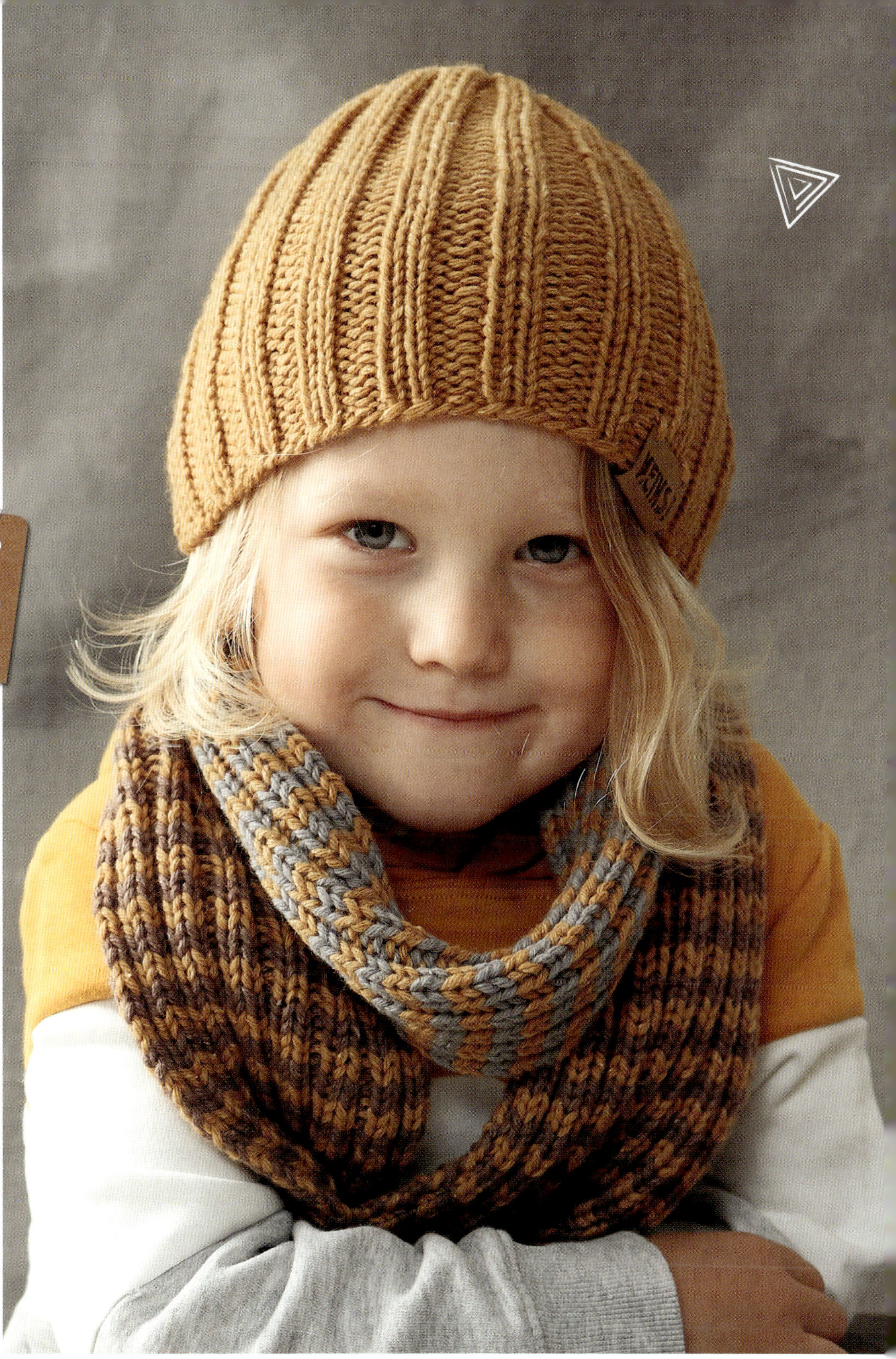

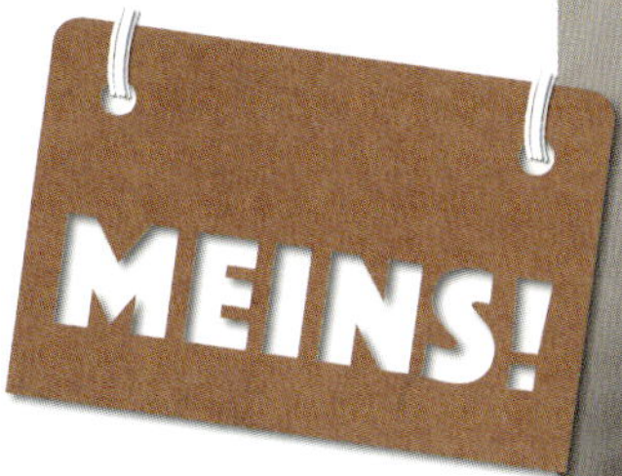

7. Rd: * 2 M rechts zusammenstr, 1 M links, ab * fortlaufend wdh (= 32/37/43 M).
8.+9. Rd: Alle M str, wie sie erscheinen.
10.+11. Rd: Fortlaufend immer 2 M rechts zusammenstr (= 16/19/23 M).
Den Arbeitsfaden abschneiden, in die Wollnd fädeln und die M damit zusammenziehen. Alle Fäden vernähen.

#twistersister

Mütze mit Zopfmuster

Schwierigkeitsgrad 2

Größen

Kopfumfang 50-52/52-54/54-56 cm

Die Angaben für Größe 50-52 stehen vor dem 1. Schrägstrich, die Angaben für Größe 52-54 stehen nach dem 1. Schrägstrich, die Angaben für Größe 54-56 stehen nach dem 2. Schrägstrich. Steht nur eine Angabe, so gilt diese für alle Größen.

Material

* BC Garne Bio Balance (LL 225 m/ 50 g) in Natur (Fb 01), 100 g
* Nadelspiel 3,0 mm
* Zopfmusternadel
* Wollnadel

Maschenprobe

Im Zopfmuster mit Nd 3,0 mm (leicht gedehnt)
26 M und 35 Rd = 10 cm x 10 cm

Rippenmuster

In Rd 1 M rechts, 1 M links im Wechsel str.

Zopfmuster

M-Zahl teilbar durch 8.

1. Rd: * 3 M rechts, 1 M links, ab * fortlaufend wdh.

2. Rd: Wie die 1. Rd str.

3. Rd: * 3 M rechts, 1 M links, 2 M mit der Zopfmusternd hinter die Arbeit legen, 1 M rechts, dann die M der Zopfmusternd rechts str, 1 M links, ab * fortlaufend wdh.

4.-6. Rd: Wie die 1. Rd str.

Die 1.-6. Rd fortlaufend wdh.

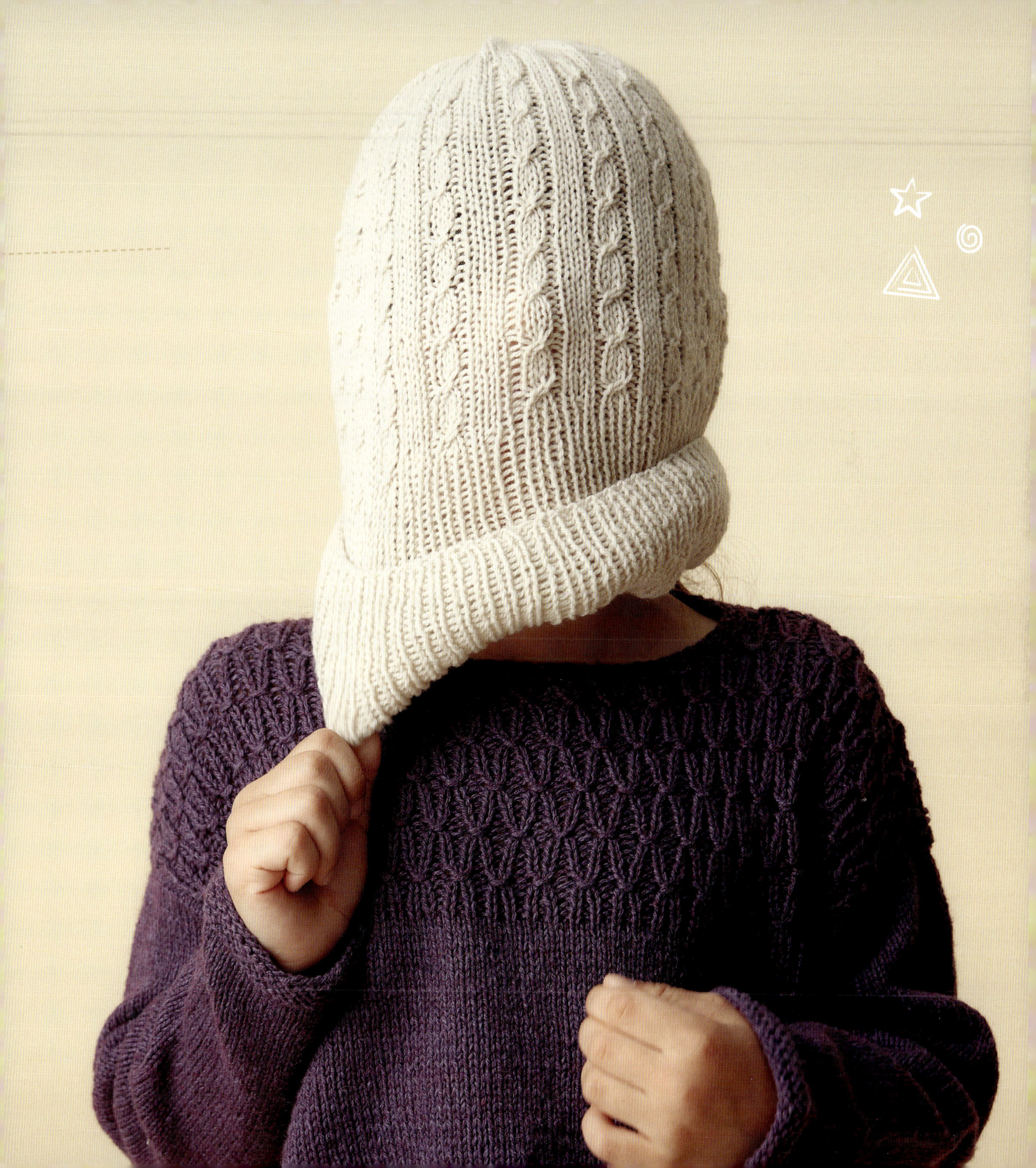

ANLEITUNG

104/112/120 M anschl und die M wie folgt auf die 4 Nd verteilen: 24-28-24-28/28-28-28-28/28-32-28-32 M. Die M zur Rd schließen und im Rippenmuster str. In 5/6/7 cm Höhe 1 Rd rechte M str, dann weiter im Rippenmuster str. In 10/12/14 cm Höhe weiter im Zopfmuster str.

In 24/26/28 cm Höhe mit den Abnahmen beginnen.

1. Rd: * 3 M rechts, 1 M links, 2 M rechts, 2 M rechts zusammenstr, ab * fortlaufend wdh (= 91/98/105 M).

2.-4. Rd: Die M str, wie sie erscheinen.

5. Rd: * 2 M rechts, 2 M rechts zusammenstr, 3 M rechts, ab * fortlaufend wdh (= 78/84/90 M).

6.-8. Rd: Alle M rechts str.

9. Rd: * 4 M rechts, 2 M rechts zusammenstr, ab * fortlaufend wdh (= 65/70/75 M).

10.+11. Rd: Alle M rechts str.

12. Rd: * 3 M rechts, 2 M rechts zusammenstr, ab * fortlaufend wdh (= 52/56/60 M).

13. Rd: Alle M rechts str.

14. Rd: * 2 M rechts, 2 M rechts zusammenstr, ab * fortlaufend wdh (= 39/42/45 M).

15. Rd: * 1 M rechts, 2 M rechts zusammenstr, ab * fortlaufend wdh (= 26/28/30 M).

16. Rd: Fortlaufend 2 M rechts zusammenstr (= 13/14/15 M).

Weiter fortlaufend jeweils 2 M rechts zusammenstr, bis noch 12 M auf der Nd sind. Dann den Arbeitsfaden abschneiden, in die Wollnd fädeln und die M damit zusammenziehen. Alle Fäden vernähen.

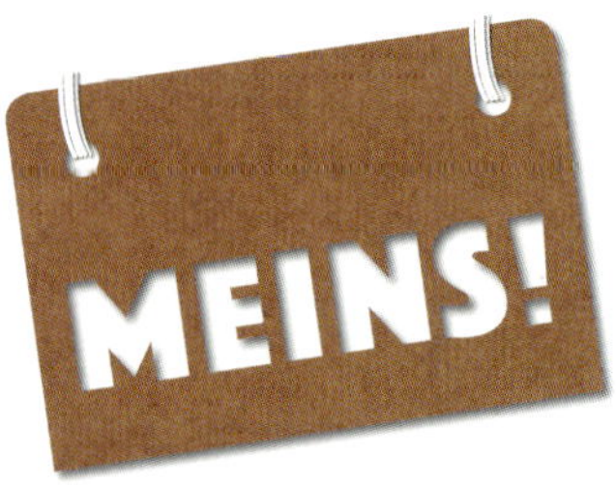

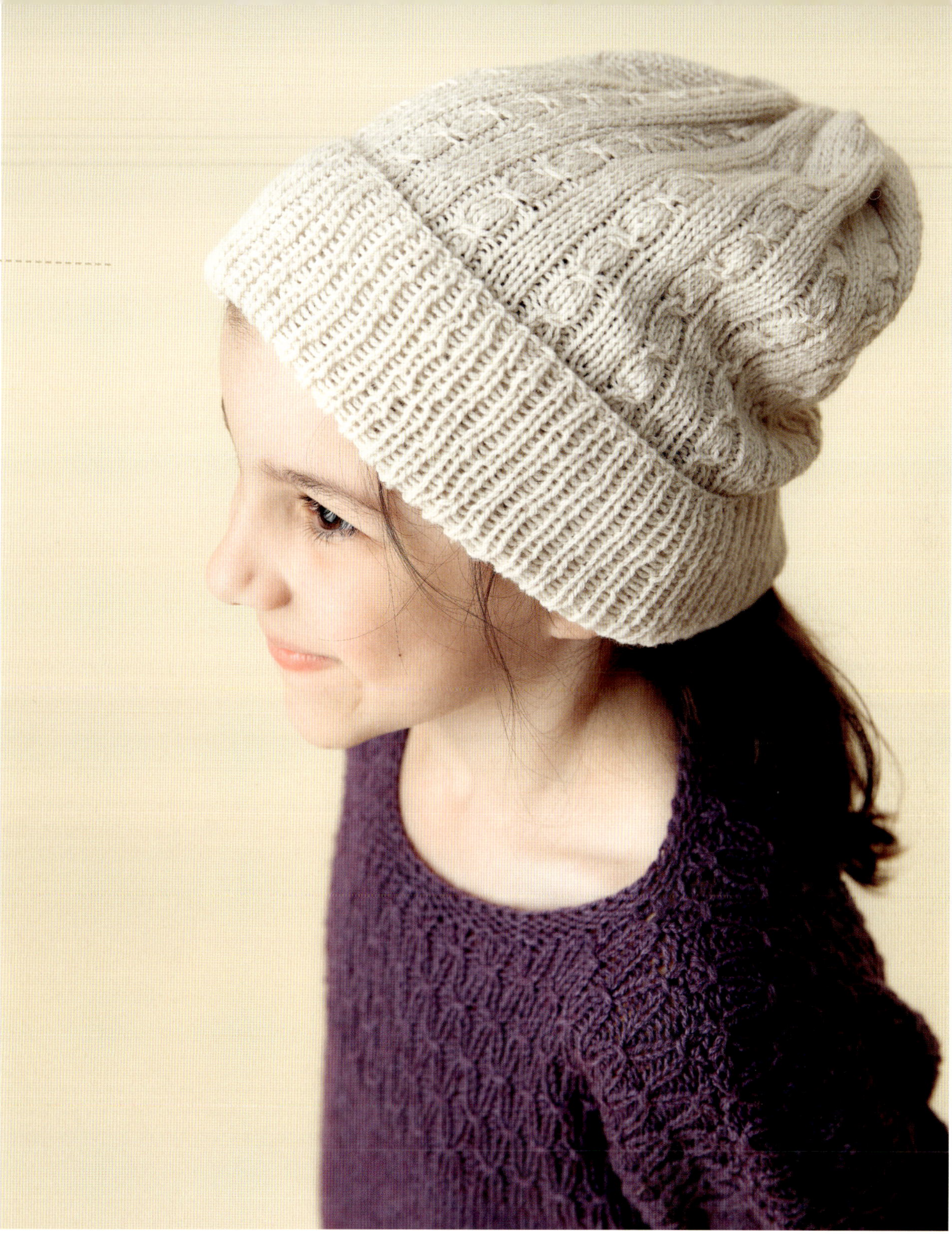

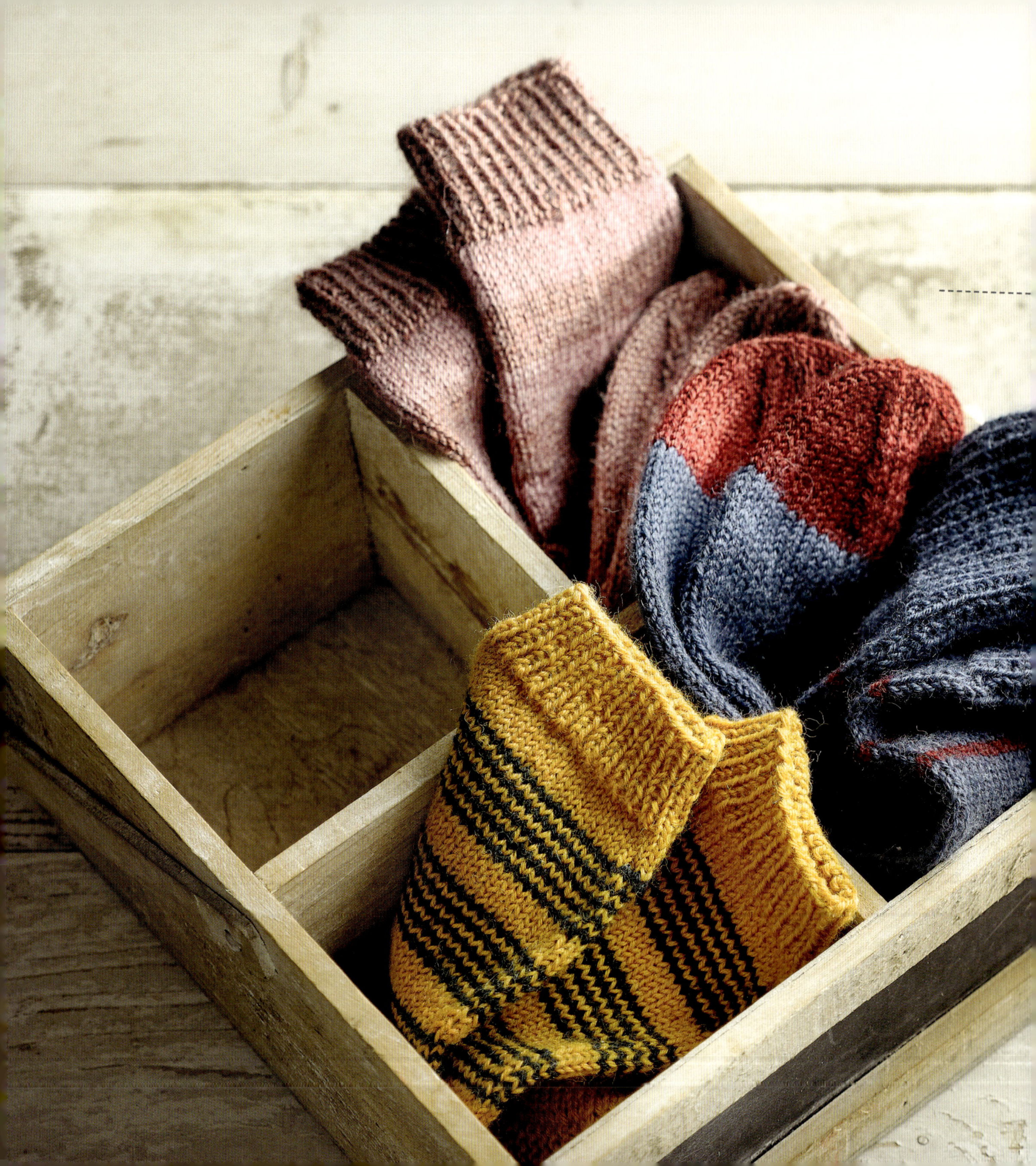

Socken

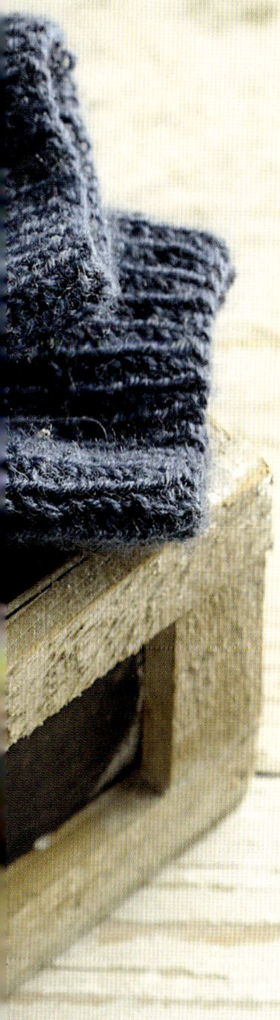

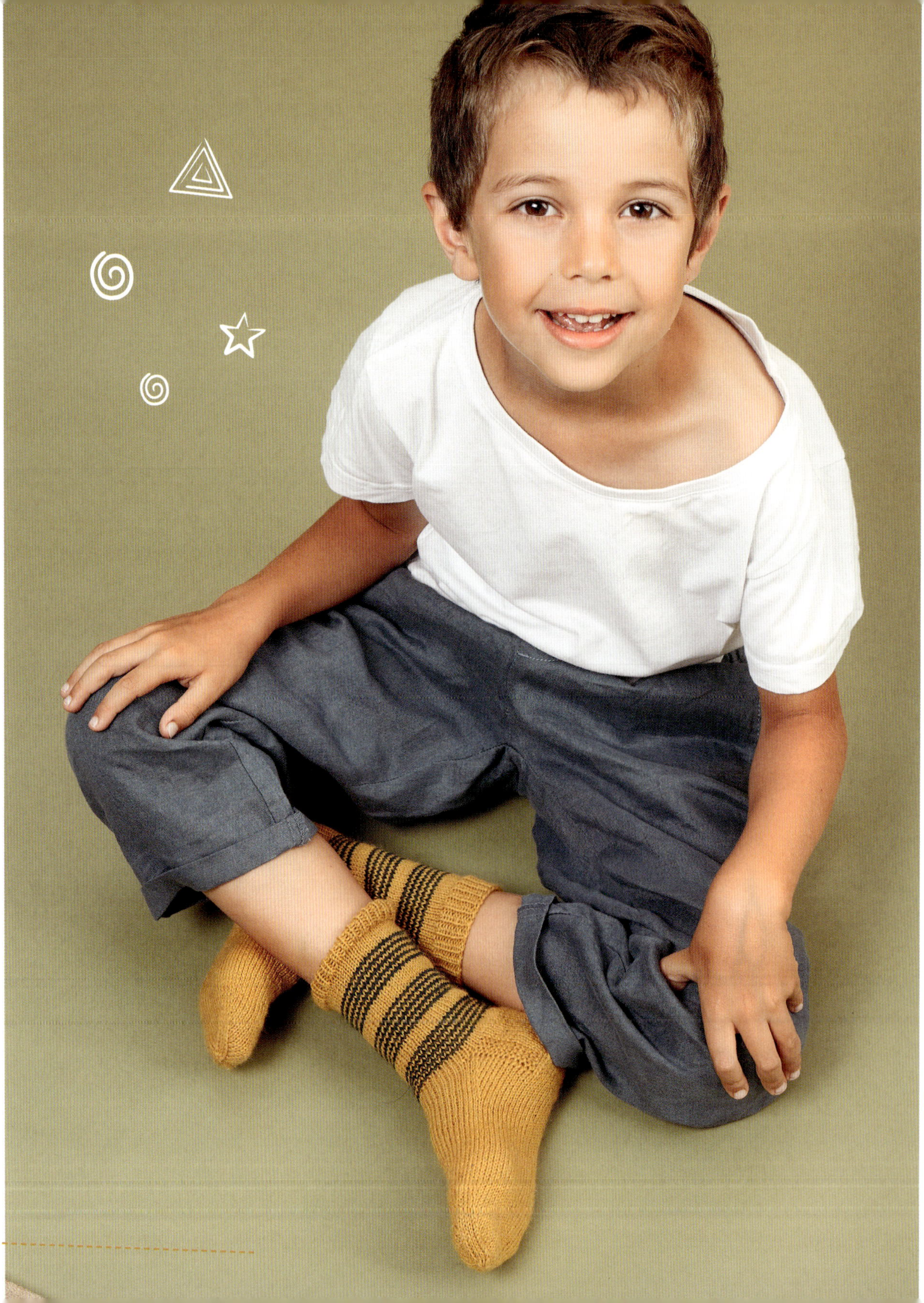

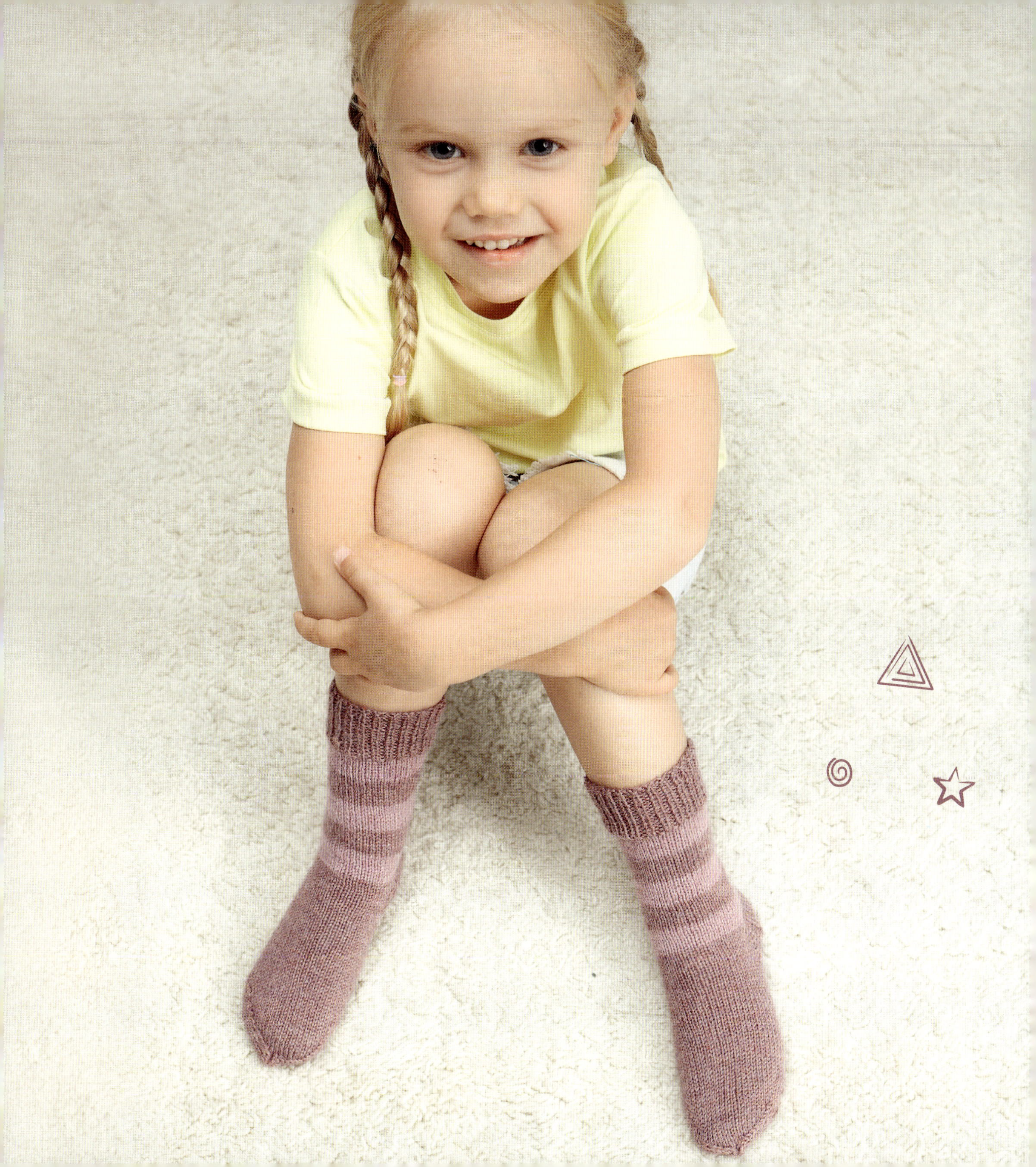

#socksoftheday

Socken in Signalfarben

Schwierigkeitsgrad 2

Größen
26/27 bis 36/37

Material
* Regia Eco Line Uni 4-fädig (LL 420 m/100 g) in Messing (Fb 3001) und Dunkelgrün (Fb 3004), je 100 g
* Nadelspiel 2,5 mm
* Wollnadel

Maschenprobe
Glatt rechts mit Nd 2,5 mm
30 M und 42 Rd = 10 cm x 10 cm

Rippenmuster
In Rd 1 M rechts, 1 M links im Wechsel str.

Glatt rechts
In Hinr rechte M, in Rückr linke M str. In Rd alle M rechts str.

Streifenfolge
1 Rd in Dunkelgrün, 1 Rd in Messing im Wechsel str.

ANLEITUNG
Die Socken können in jeder beliebigen Größe gestrickt werden. Bei kleineren Größen sollte das gerippte Bündchen etwas kürzer ausfallen, bei größeren Größen kann es noch länger gearbeitet werden.

In Messing die M-Zahl entsprechend der Tabelle (siehe Seite 103) anschl, die M auf die 4 Nd gleichmäßig verteilen und die Arbeit zur Rd schließen. 2,5 cm im Rippenmuster str.
Weiter glatt rechts 2 Rd in Messing str, * 4 Rd in Messing, 10 Rd in der Streifenfolge arb, ab * noch 2x wdh. Enden mit 4 Rd in Messing.
Nun eine Käppchenferse (siehe Seite 104) über die M der 1. und 4. Nd arb. Danach Spickel, Fuß und Bandspitze (siehe Seite 104-105) arb. Die Maße können der Tabelle (siehe Seite 103) entnommen werden.
Die 2. Socke genauso str. Alle Fäden vernähen.

TIPP Aus den Resten des Garns kann noch ein weiteres Paar Socken in umgekehrter Farbstellung gestrickt werden.

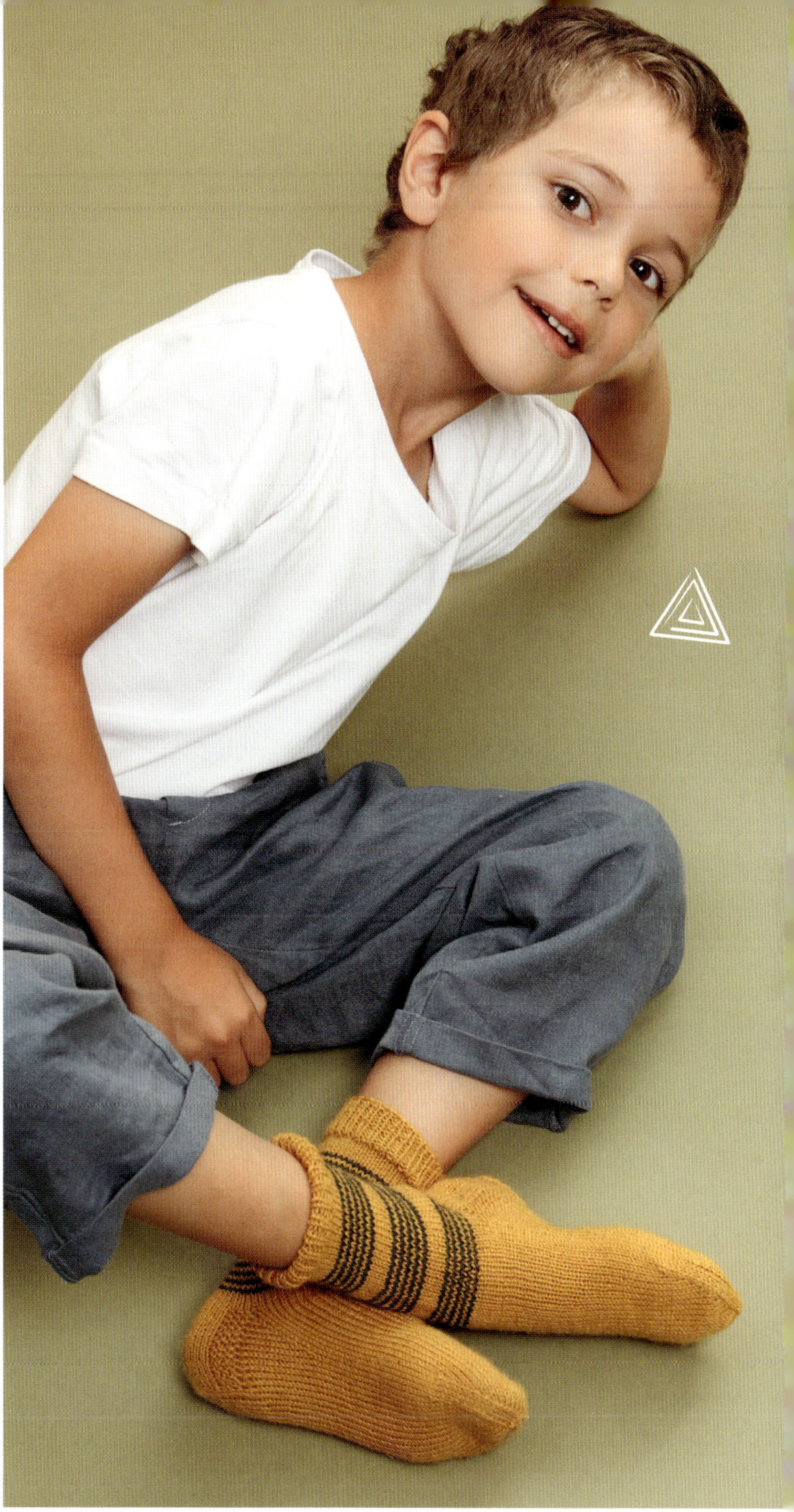

#socksaddict

Kuschelsocken mit rosa Blockstreifen

Schwierigkeitsgrad 2

Größen
26/27 bis 36/37

Material
* Regia Premium Bamboo 4-fädig (LL 400 m/100 g) in Altrose (Fb 82) und Brown Red (Fb 83), je 100 g
* Nadelspiel 2,5 mm
* Wollnadel

Maschenprobe
Glatt rechts mit Nd 2,5 mm
30 M und 42 Rd = 10 cm x 10 cm

Rippenmuster
In Rd 1 M rechts, 1 M links im Wechsel str.

Glatt rechts
In Hinr rechte M, in Rückr linke M str. In Rd alle M rechts str.

ANLEITUNG
Die Socken können in jeder beliebigen Größe gestrickt werden. Bei kleineren Größen sollte das gerippte Bündchen etwas kürzer ausfallen, bei größeren Größen kann es länger gearbeitet werden.

In Brown Red die M-Zahl entsprechend der Tabelle (siehe Seite 103) anschl, die M auf die 4 Nd gleichmäßig verteilen und die Arbeit zur Rd schließen. 16 Rd im Rippenmuster str.

Weiter glatt rechts str: * 8 Rd in Altrose, 8 Rd in Brown Red, ab * wdh, bis die gewünschte Schafthöhe erreicht ist (bei Größe 26/27 sind das ca. 12 cm, bei Größe 36/37 ca. 18 cm). Weiter in Brown Red 2 Rd glatt rechts str.
Nun eine Käppchenferse (siehe Seite 104) über die M der 1. und 4. Nd arb. Danach Spickel, Fuß und Bandspitze (siehe Seite 104-105) arb. Die Maße können der Tabelle (siehe Seite 103) entnommen werden.
Die 2. Socke genauso str. Alle Fäden vernähen.

TIPP Aus den Resten des Garns kann noch ein weiteres Paar Socken in umgekehrter Farbstellung gestrickt werden.

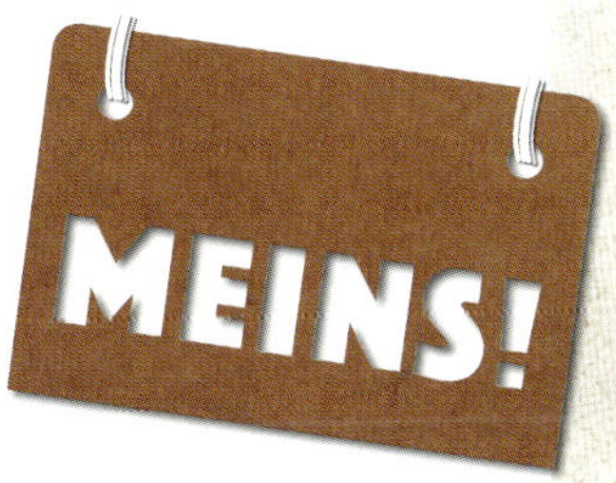

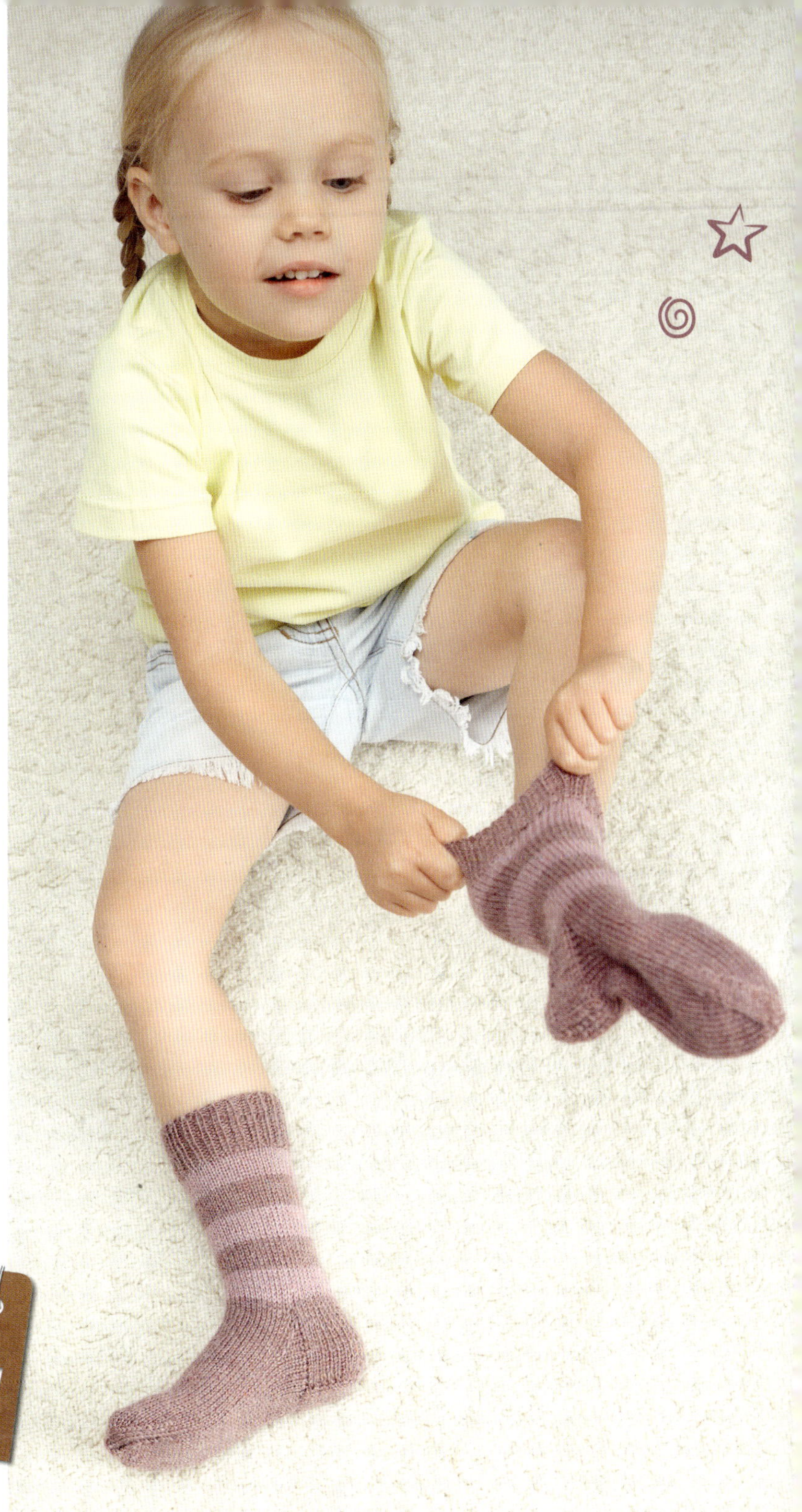

#sockslover

Socken in kräftigen Farben

Schwierigkeitsgrad 2

Größen
26/27 bis 36/37

Material
* Regia Eco Line Uni 4-fädig (LL 420 m/100 g) in Blau (Fb 3002) und Bordeaux (Fb 3003), je 100 g
* Nadelspiel 2,5 mm
* Wollnadel

Maschenprobe
Glatt rechts mit Nd 2,5 mm
30 M und 42 Rd = 10 cm x 10 cm

Rippenmuster
In Rd 1 M rechts, 1 M links im Wechsel str.

Glatt rechts
In Hinr rechte M, in Rückr linke M str. In Rd alle M rechts str.

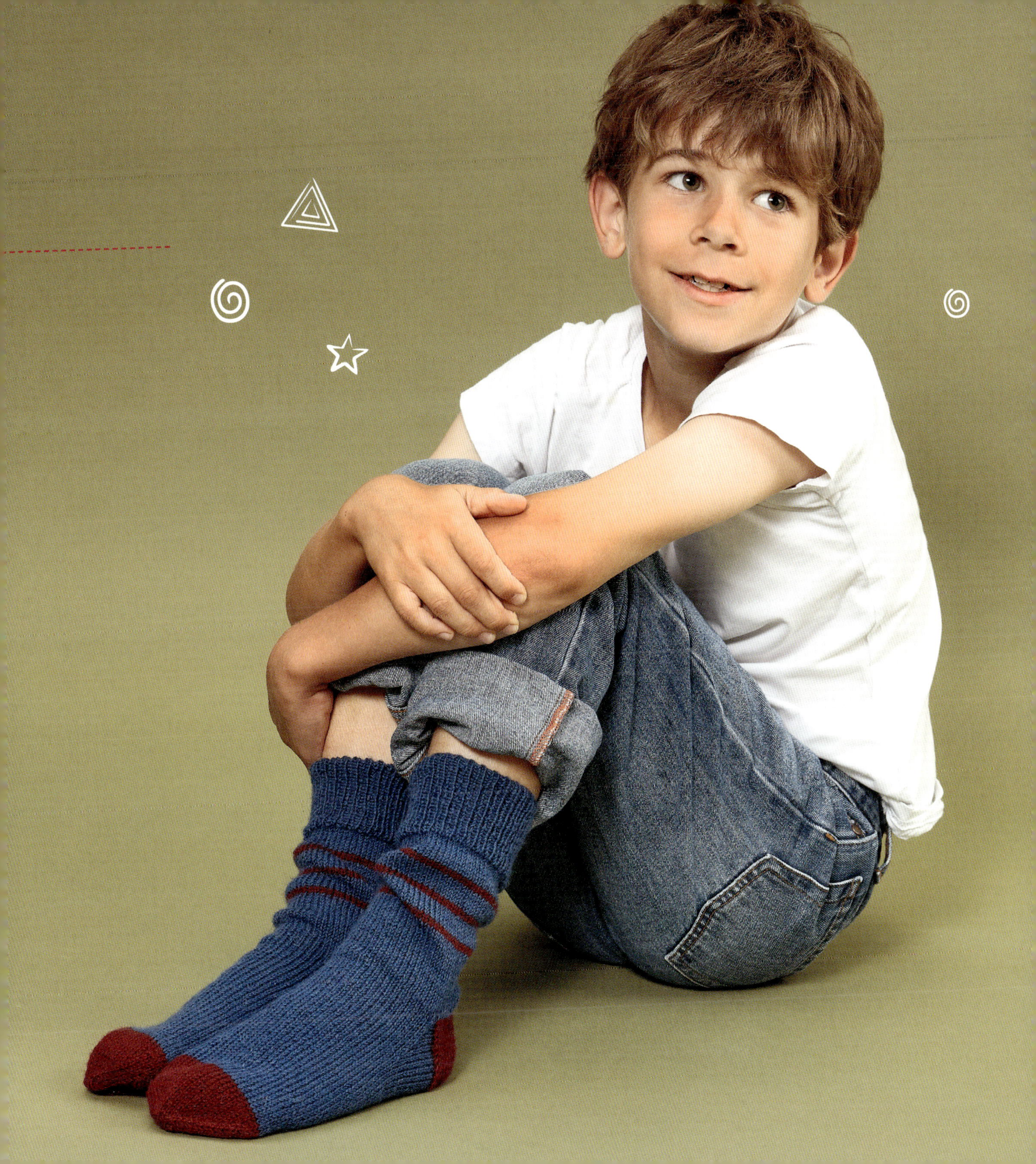

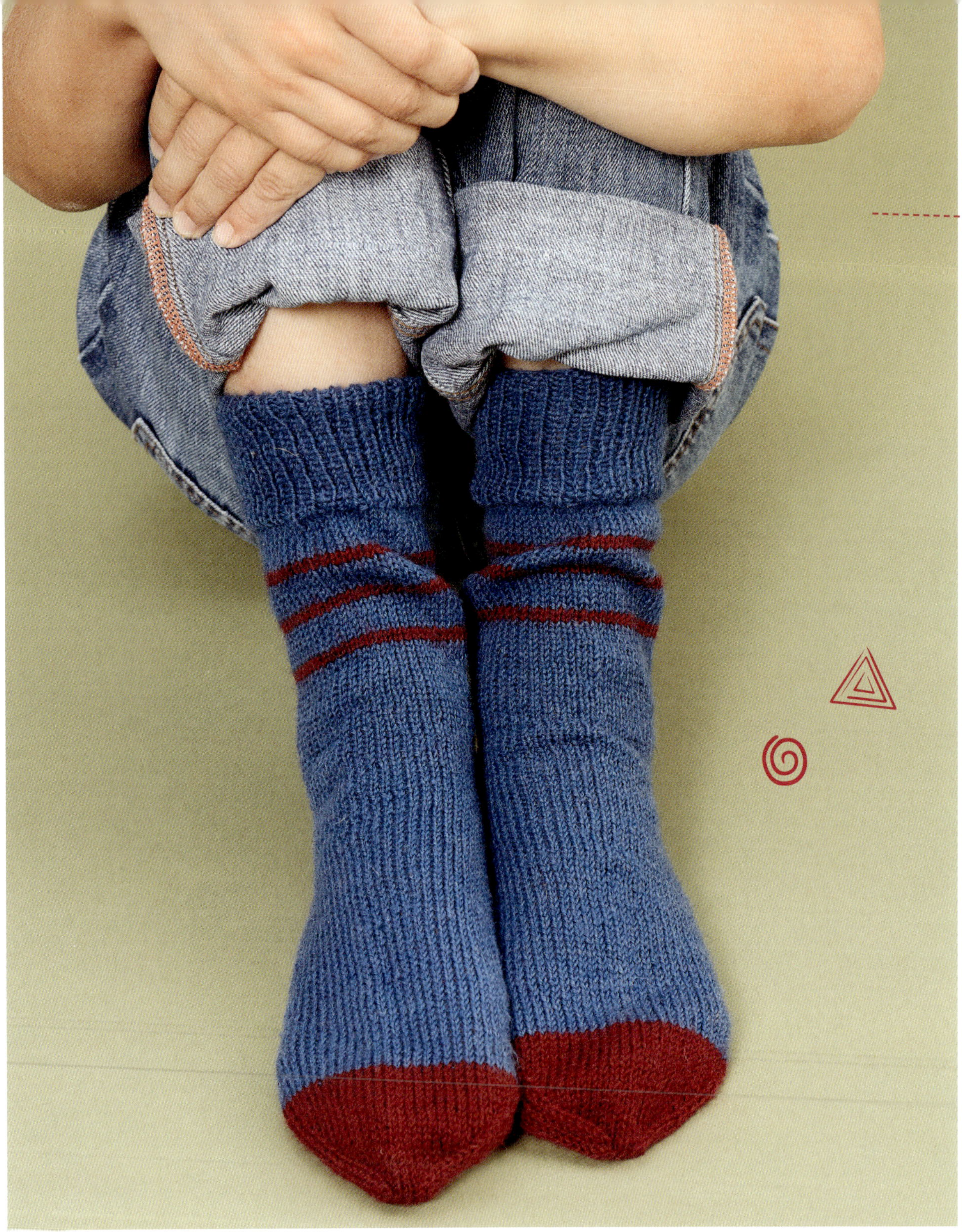

ANLEITUNG

Die Socken können in jeder beliebigen Größe gestrickt werden. Bei kleineren Größen sollte das gerippte Bündchen etwas kürzer ausfallen, bei größeren Größen kann es länger gearbeitet werden.

In Blau die M-Zahl entsprechend der Tabelle (siehe Seite 103) anschl, die M gleichmäßig auf die 4 Nd verteilen und die Arbeit zur Rd schließen. 5,5 cm im Rippenmuster str.

Weiter glatt rechts str: 8 Rd in Blau, 2 Rd in Bordeaux, 6 Rd in Blau, 2 Rd in Bordeaux, 6 Rd in Blau, 2 Rd in Bordeaux. Weiter in Blau glatt rechts str, bis die gewünschte Schafthöhe erreicht ist (bei Größe 26/27 sind das ca. 12 cm, bei Größe 36/37 ca. 18 cm).

Nun eine Käppchenferse (siehe Seite 104) über die M der 1. und 4. Nd in Bordeaux str. Danach in Blau Spickel und Fuß glatt rechts weiterstr, bis die passende Fußlänge (siehe Tabelle Seite 103) erreicht ist. In Bordeaux noch 2 Rd glatt rechts str. Zum Schluss eine Bandspitze (siehe Seite 104) in Bordeaux entsprechend der Tabelle str.

Die 2. Socke genauso str. Alle Fäden vernähen.

TIPP Aus den Resten des Garns kann noch ein weiteres Paar Socken in umgekehrter Farbstellung gestrickt werden.

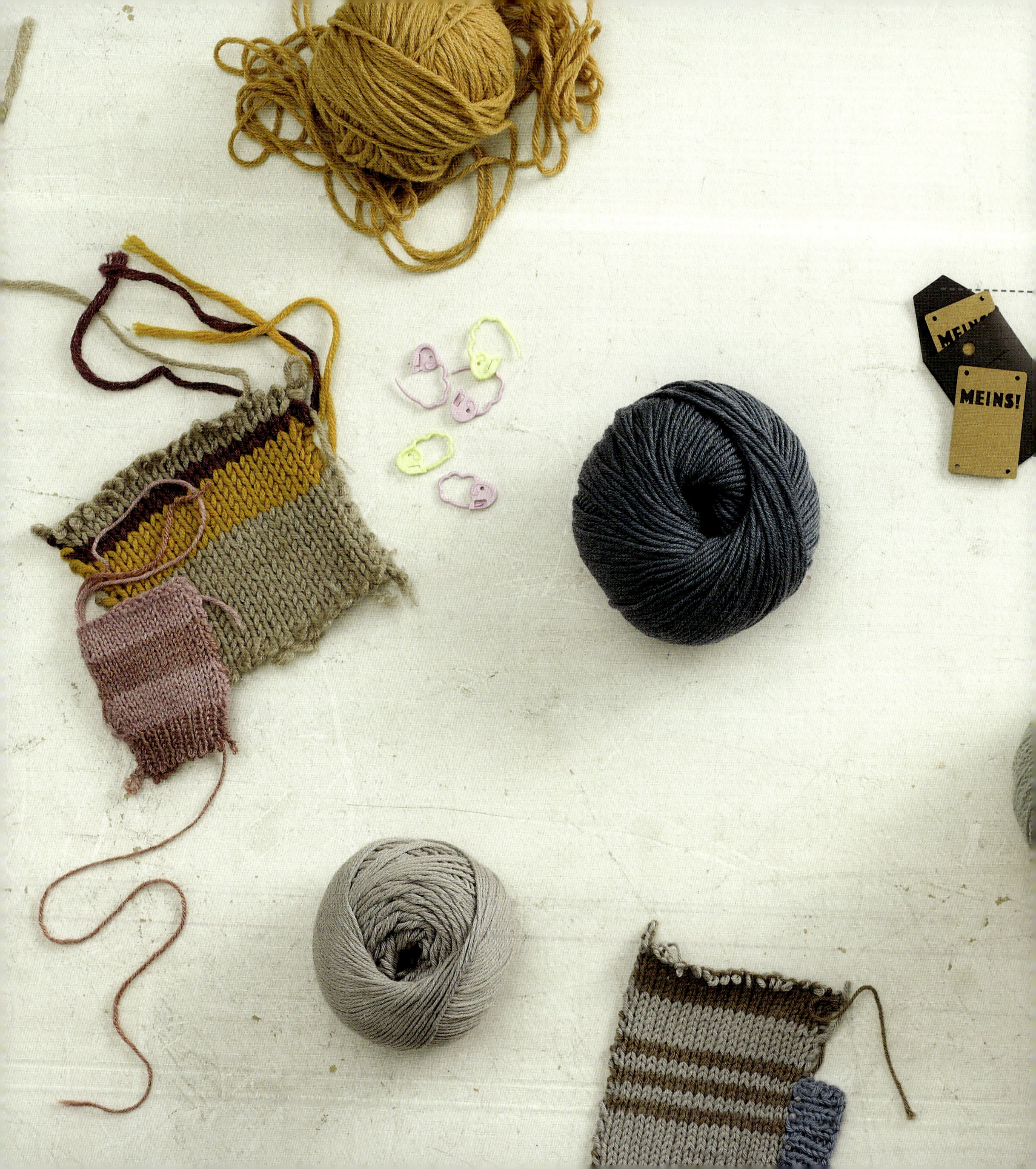
MEINS!

Grundlagen

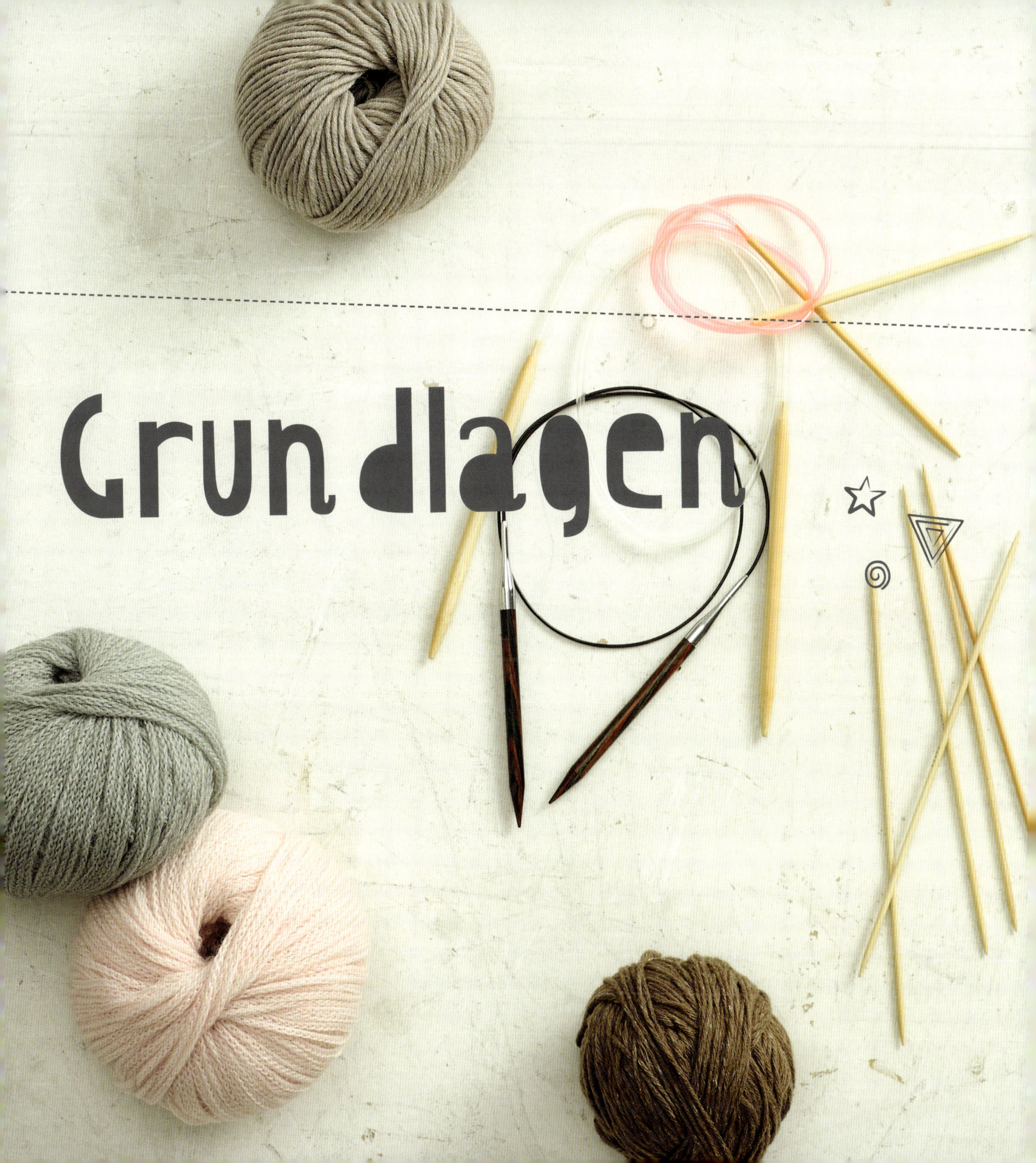

ABNAHMEN

2 Maschen rechts zusammenstricken

1 Mit der Arbeitsnadel gleichzeitig in beide Maschen von links nach rechts wie zum Rechtsstricken einstechen.

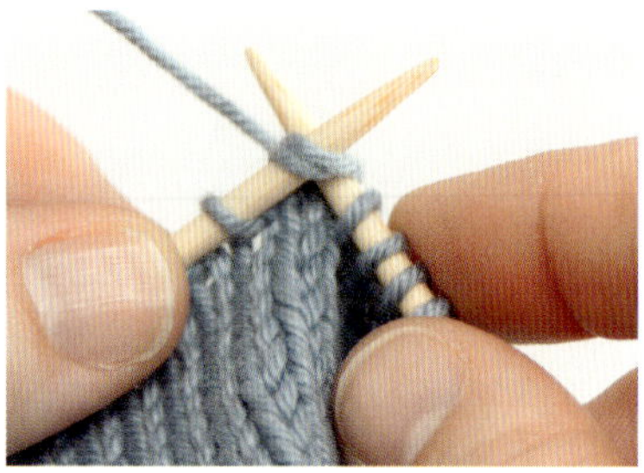

2 Den Faden wie zum Rechtsstricken fassen und gleichzeitig durch beide Maschen ziehen.

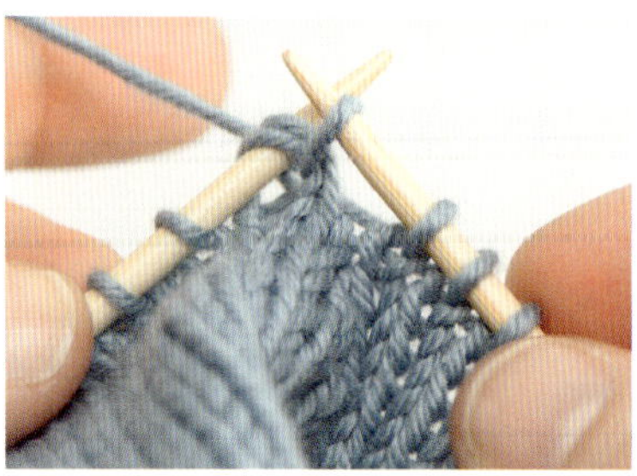

2 Maschen rechts überzogen zusammenstricken

1 Die 1. Masche wie zum Rechtsstricken abheben und die 2. Masche rechts stricken.

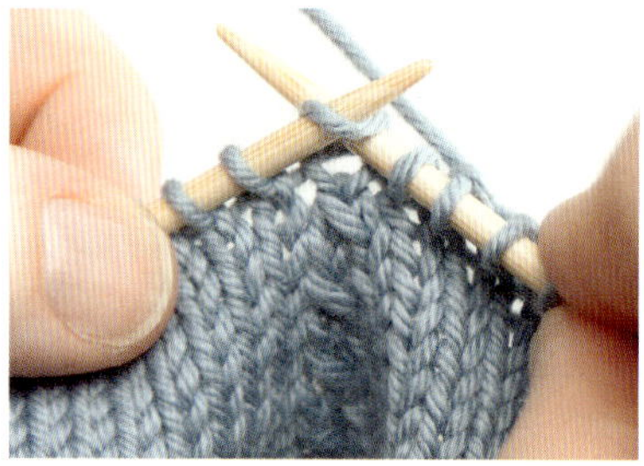

2 Mit der linken Nadel von links nach rechts unter dem vorderen Maschenschenkel der abgehobenen Masche einstechen, die Masche lockern, über die letzte Masche ziehen, über die Nadelspitze heben und von der linken Nadel gleiten lassen.

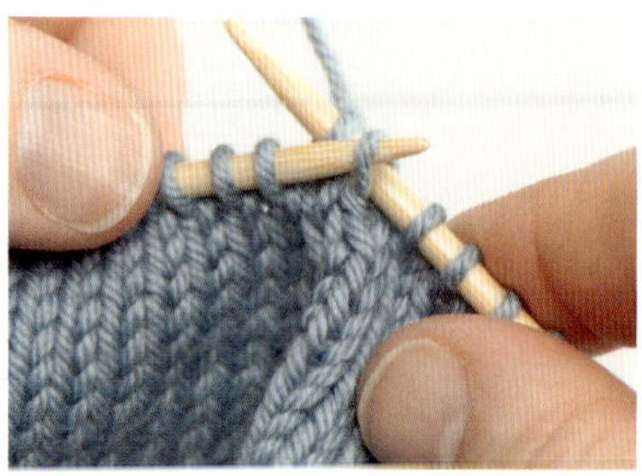

Mehrere **rechtsgeneigte** Abnahmen übereinander ergeben eine saubere Linie, die nach links verläuft.

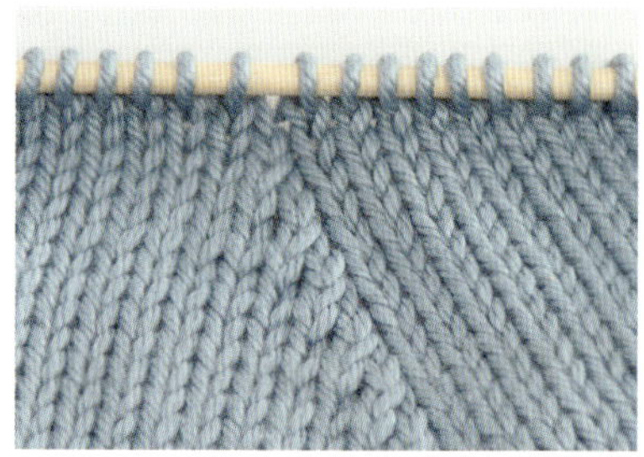

Werden **überzogene** Abnahmen in Reihen versetzt übereinander gearbeitet, zeigt sich ein treppenförmiger Verlauf der Abnahmen.

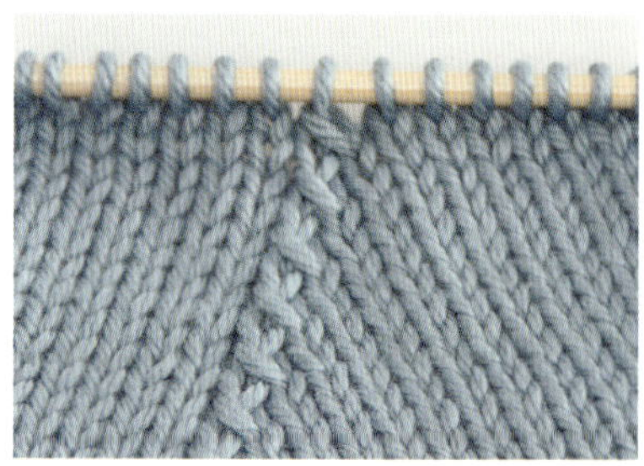

ZUNAHMEN

Einfache Zunahme aus dem Querfaden

Wird der aufgenommene Querfaden einfach abgestrickt, entsteht ein kleines Loch im Maschenbild, und die Zunahme erscheint ohne Neigung.

Für eine einfache Zunahme aus dem Querfaden mit der linken Nadel von vorne nach hinten unter dem Querfaden einstechen, der sich zwischen der letzten gestrickten Masche und der folgenden noch zu strickenden Masche befindet. Den Querfaden auf die Nadel heben. Er liegt in gleicher Orientierung auf der Nadel wie die übrigen Maschen.

Für eine **rechts gestrickte Zunahme** kann der aufgenommene Faden nun rechts gestrickt werden.

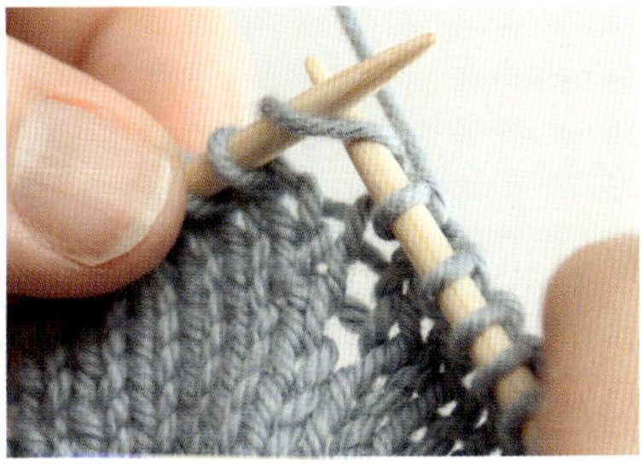

Für eine **links gestrickte Zunahme** den Querfaden links abstricken.

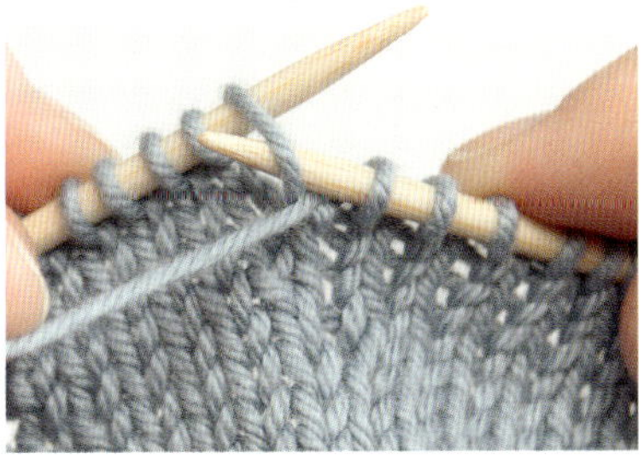

Maschen verdoppeln

Dafür 1 Masche wie gewohnt rechts stricken, die ursprüngliche Masche auf der linken Nadel lassen und für die 2. Masche noch 1 Masche rechts verschränkt aus dem hinteren Maschenschenkel der ursprünglichen Masche stricken.

Maschen verdreifachen

Dafür 1 Masche wie gewohnt rechts stricken, die ursprüngliche Masche auf der linken Nadel lassen und für die 2. Masche noch 1 Masche rechts verschränkt aus dem hinteren Maschenschenkel der ursprünglichen Masche stricken. Dann noch 1 Masche rechts in die ursprüngliche Masche stricken.

Tiefergestochene Maschen

Für eine tiefer gestochene Masche mit der Arbeitsnadel nicht in die Masche einstechen, die auf der linken Nadel liegt, sondern um die angegebene Reihenzahl nach unten versetzt.

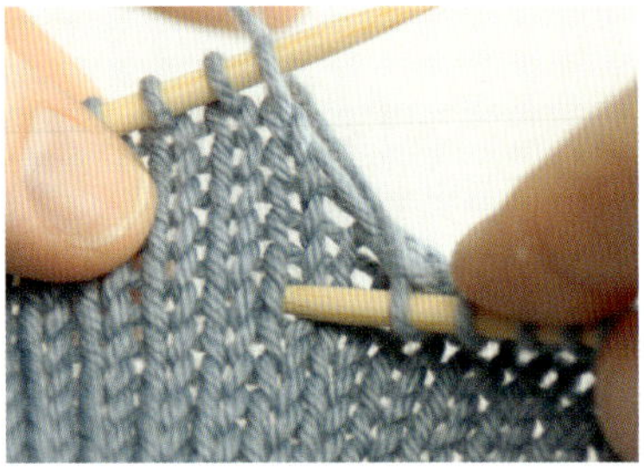

Für eine um 6 Reihen tiefergestochene Masche 6 Maschen unterhalb der Schlinge einstechen und die Masche abstricken.

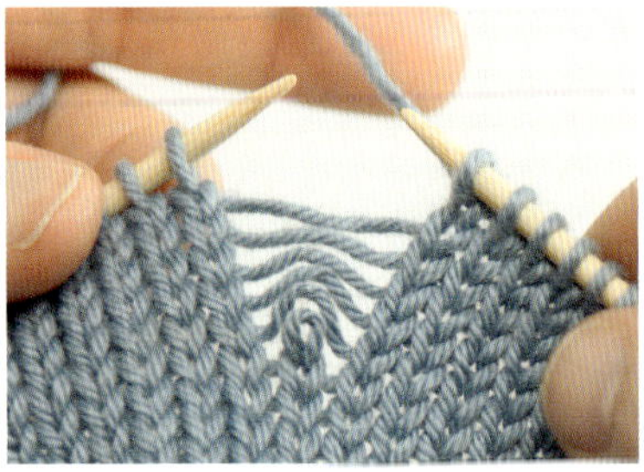

Verschränkte Maschen

Rechts verschränkt

1 Für eine rechts verschränkte Masche von rechts nach links zwischen den Maschenschenkeln einstechen. Die Arbeitsnadel liegt unter der Maschennadel. Die Nadel in Pfeilrichtung um den Faden herumführen.

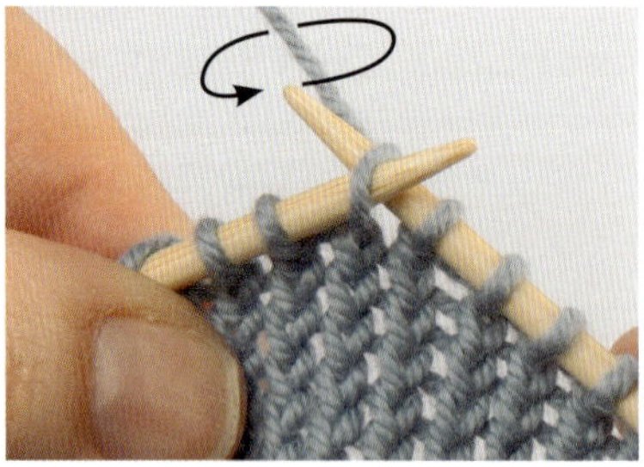

2 Die Fadenschlinge durchziehen und die Masche von der Nadel heben.

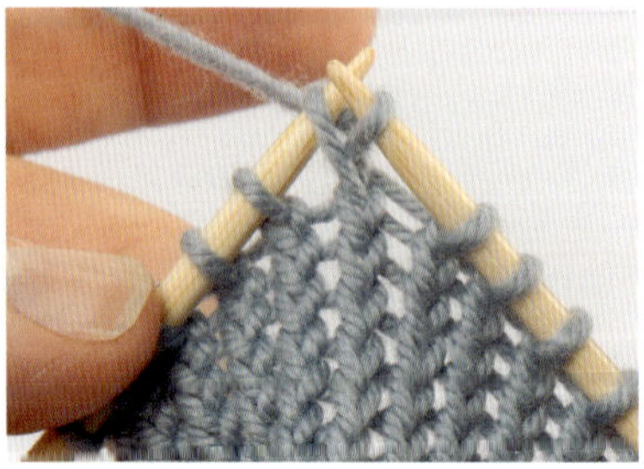

Links verschränkt

1 Für eine links verschränkte Masche den Faden nach vorne holen und auf der Rückseite der Arbeit von links nach rechts unter dem hinteren Maschenschenkel einstechen. Den Faden mit der Arbeitsnadel in Pfeilrichtung fassen und zwischen beiden Nadeln von oben nach unten führen.

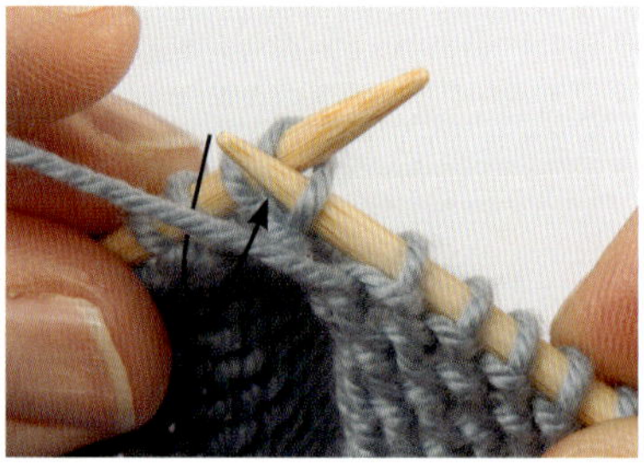

2 Die Fadenschlinge mit der Arbeitsnadel durchziehen und die Masche von der Nadel heben.

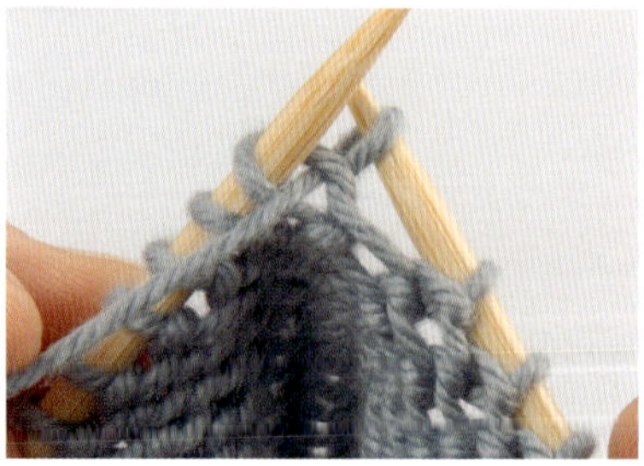

UMSCHLAG

Den Faden wie zum Linksstricken vor die Arbeit holen und über die rechte Nadel hinweg nach hinten legen.

Um die folgende Masche **rechts** abzustricken, den Umschlag mit dem Zeigefinger der rechten Hand auf der Nadel fixieren, bis die nächste Masche abgestrickt ist.

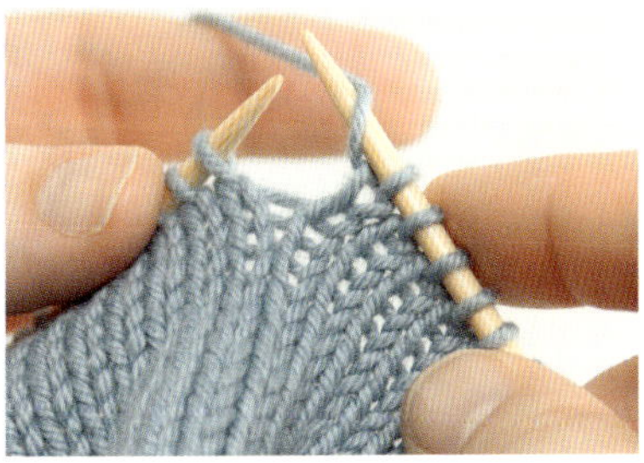

Um die folgende Masche **links** abzustricken, den Faden zwischen den beiden Nadeln wieder nach vorne führen.

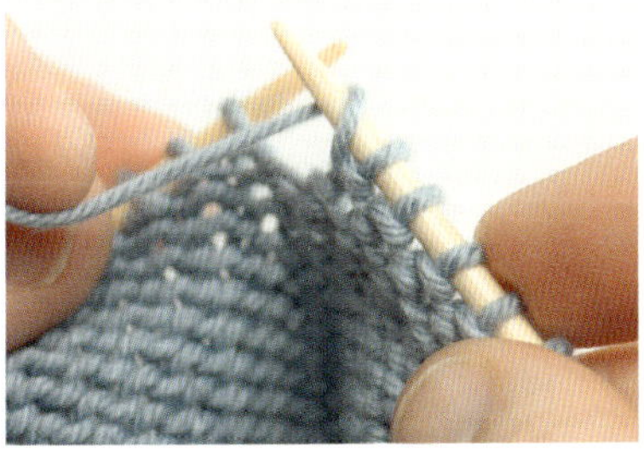

ZOPFMUSTER STRICKEN

2 Maschengruppen nach rechts verzopfen

Werden 2 Maschengruppen nach rechts verzopft, liegt die 2. Maschengruppe im fertigen Zopf über der 1. Der Zopf neigt sich nach rechts und dreht sich gegen den Uhrzeigersinn.

1 Die Maschen der 1. Maschengruppe hinten auf einer Zopfnadel ablegen. Dazu mit der Zopfnadel alle Maschen der 1. Maschengruppe wie zum Linksstricken abheben, in die Mitte der Zopfnadel schieben und die Zopfnadel hinter der Arbeit hängen lassen.

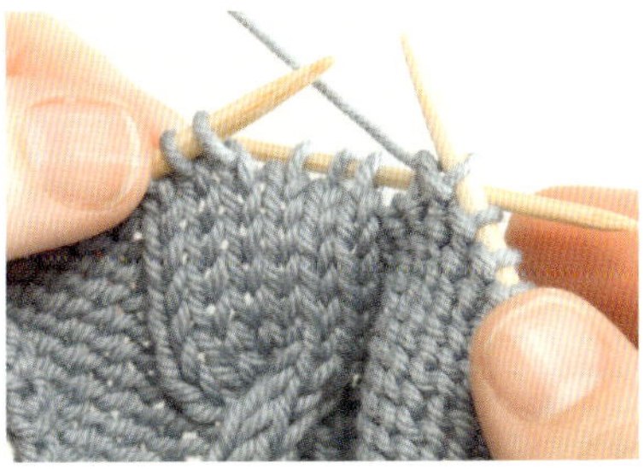

2 Die folgende Maschengruppe stricken. Dabei den Faden zwischen der letzten Grundmasche und der 1. Masche der 2. Maschengruppe gut anziehen.

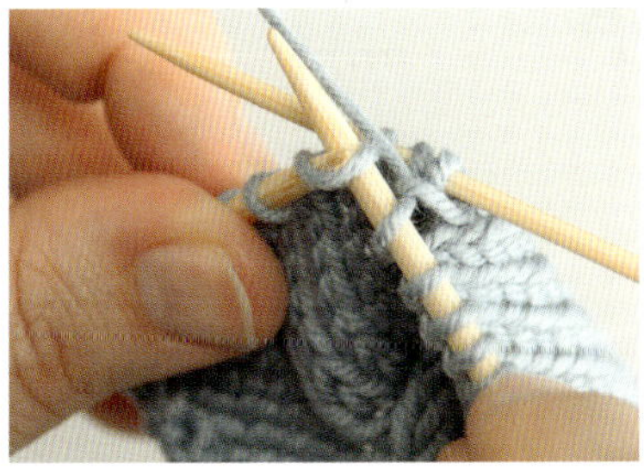

3 Die Maschen der linken Nadel weiter in Richtung Nadelmitte schieben, die Zopfnadel in die linke Hand nehmen und die dort abgelegten Maschen im Muster des Zopfes stricken.

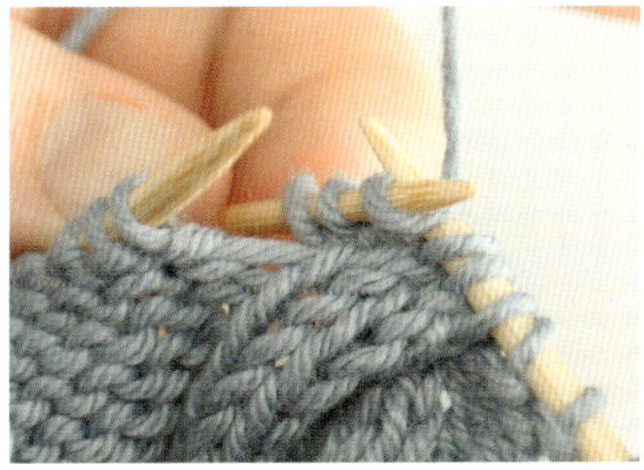

MASCHEN HERAUSSTRICKEN/MASCHEN AUFFASSEN

Maschen aus einer Abkettkante auffassen

Aus einer Abkettkante werden Maschen aufgefasst, um ein Strickteil in die gleiche Richtung weiterzuarbeiten.
Aus jeder Masche der Abkettreihe wird 1 neue Masche herausgestrickt, sodass die neuen Maschen ohne Versatz genau über den zuvor abgeketteten Maschen liegen. Damit lassen sich genauso viele Maschen auffassen, wie zuvor abgekettet wurden. Die Abkettkante kippt dabei auf die Rückseite der Arbeit.

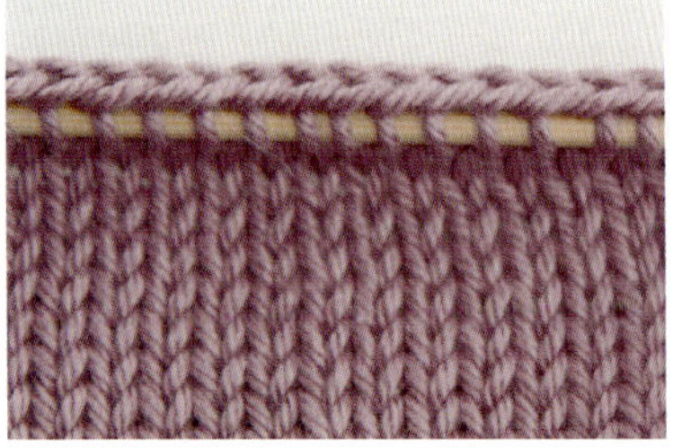

Mit der Stricknadel von vorne nach hinten in die Masche unter der Abkettkante einstechen, den Faden fassen und durch die Masche ziehen. Darauf achten, in die Maschen einzustechen und nicht in die Lücken neben den Maschen!

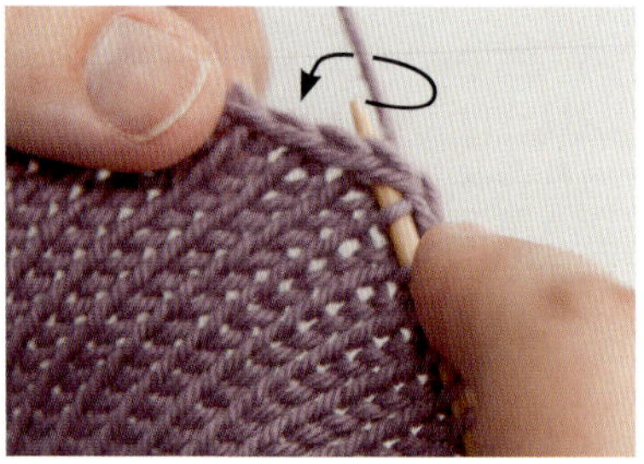

Maschen aus einer Seitenkante auffassen (3 aus 4)

Fasst man neue Maschen aus einem seitlichen Strickrand auf, stehen diese senkrecht zu den Maschen des ursprünglichen Strickteils. Daher gilt auch hier die 3-aus-4-Regel: Wenn 3 Maschen in etwa so breit wie 4 Reihen hoch sind, werden die Maschen in Dreiergruppen aufgefasst.

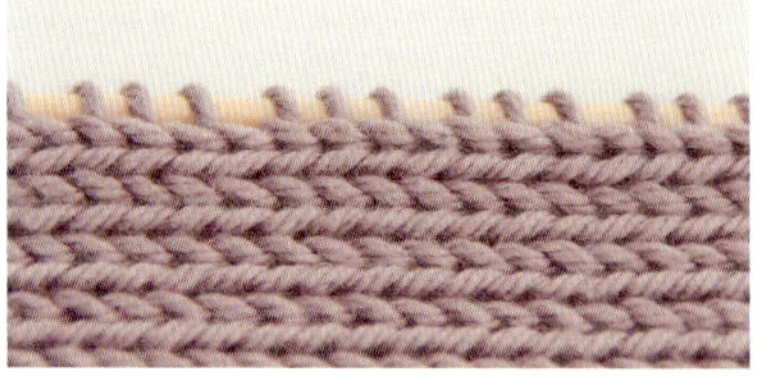

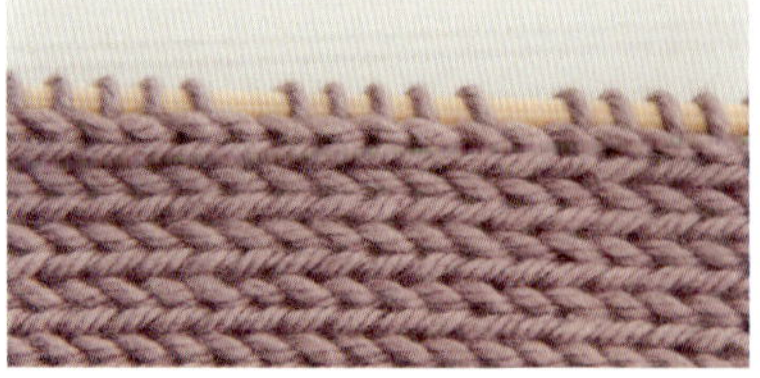

IN RUNDEN STRICKEN

Schläuche mit einem Umfang von 50 cm oder mehr können auf einer Rundstricknadel gearbeitet werden. Dabei sollte der Umfang des zu strickenden Schlauches um mindestens 10 cm länger sein als die Länge der Rundstricknadel, damit sich die Maschen zum Stricken noch gut auf der Nadel bewegen lassen.
Die Maschen können wie gewohnt angeschlagen werden. Nach der letzten Anschlagmasche schließt man die Reihe zur Runde, indem man beide Nadelspitzen derselben Rundstricknadel zusammenführt und mit der rechten Nadelspitze die 1. angeschlagene Masche abstrickt.

Das Ende des Anschlagfadens markiert die Stelle, an der eine neue Runde beginnt. Da aber schon nach wenigen Runden dieser Übergang nicht mehr leicht erkennbar ist, kann man nach dem Stricken der letzten Masche der Runde einen Maschenmarkierer auf die Nadel hängen. Der Markierer wird vor dem Stricken der 1. Masche von der linken auf die rechte Nadel gehoben. Werden im weiteren Verlauf so viele Zunahmen gearbeitet, dass sich die Maschen nicht mehr bequem auf der Rundstricknadel stricken lassen, wechselt man zu einer längeren Nadel.

Wenn sehr viele Abnahmen nötig sind, sodass man die Maschen weit auseinanderziehen muss und nicht mehr bequem abstricken kann, muss man auf eine kürzere Nadel wechseln. Bei weniger als 30 cm Umfang verwendet man ein Nadelspiel.

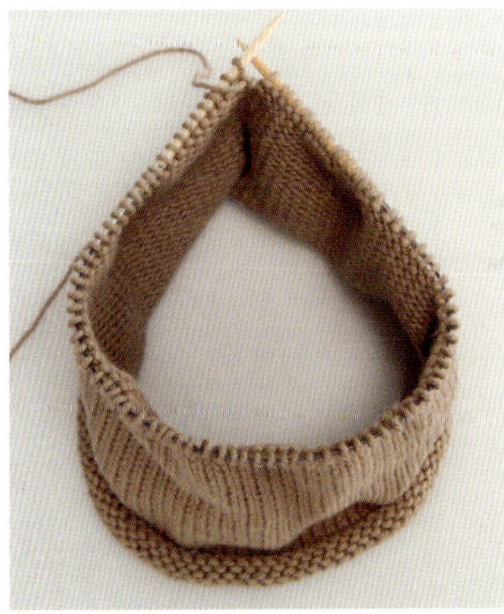

ABKETTEN

Rechtes Abketten

Das rechte Abketten ist die einfachste und gebräuchlichste Art, Maschen abzuketten. In einer Hinreihe gearbeitet, passt sich die Abkettkante in glatt rechts Gestricktes ein. Damit die Abschlusskante nicht einschneidet, die Abkettreihe möglichst locker arbeiten. Es kann hilfreich sein, dazu eine größere Nadelstärke zu wählen. Bei normaler Fadenspannung erhält man eine Abschlusskante von mittlerer Elastizität.

Zu Beginn der Abkettkante 2 Maschen rechts stricken. Mit der linken Nadel von links nach rechts in den vorderen Maschenschenkel der rechten Masche einstechen, über die linke Masche und die Nadelspitze ziehen und von der Nadel gleiten lassen. Den Faden nicht weiter anziehen.

* Eine weitere Masche rechts stricken, die rechte der beiden Maschen wiederum über Masche und Nadelspitze hinweg überziehen und von der linken Nadel gleiten lassen.

Die Arbeitsschritte ab * fortlaufend wiederholen.

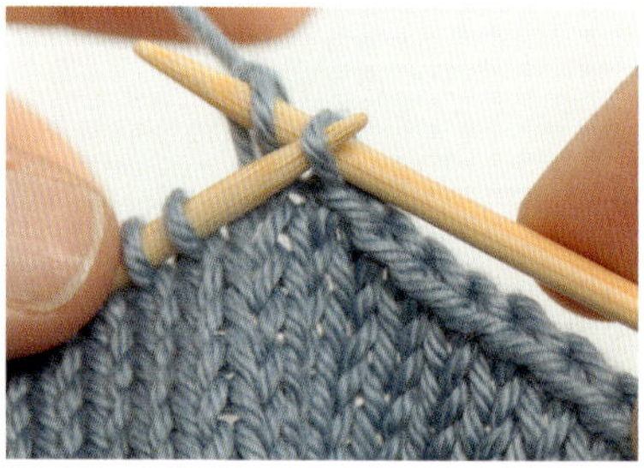

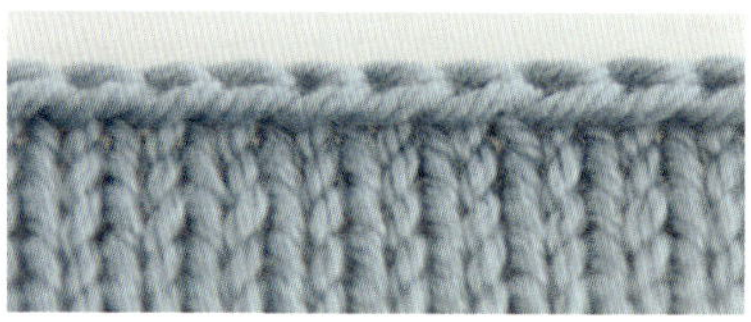

Linkes Abketten

Das linke Abketten wird auf ähnliche Weise gearbeitet wie das rechte Abketten. Dabei werden die Maschen jedoch vor dem Überziehen links gestrickt. Der Abkettrand passt sich gut in glatt links Gestricktes ein, die Rückseite der Abkettkante erscheint wie die Vorderseite der rechten Abkettkante. Auf diese Weise lässt sich ein glatt rechtes Gestrick in einer Rückreihe links abketten.

Zunächst 2 Maschen links stricken. Die rechte der 2 Maschen auf der rechten Nadel über die linke Masche und über die Nadelspitze hinwegheben und von der linken Nadel gleiten lassen.

* Eine weitere Masche links stricken und die rechte der beiden Maschen wiederum über Masche und Nadelspitze hinweg überziehen und von der linken Nadel gleiten lassen.

Die Arbeitsschritte ab * fortlaufend wiederholen.

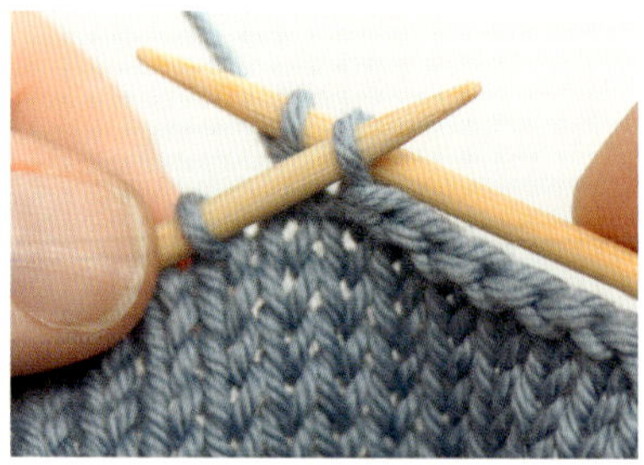

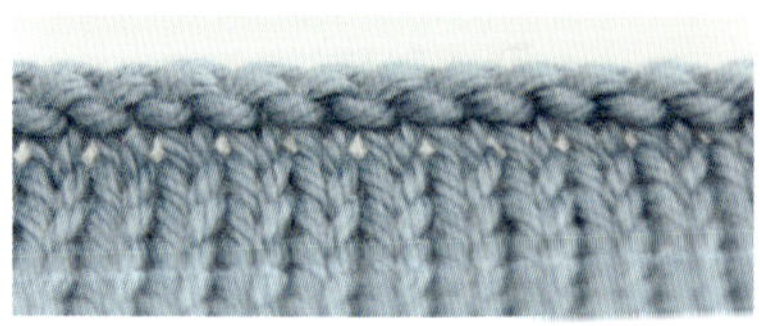

ZUSAMMENNÄHEN IM MATRATZENSTICH

Glatt rechts Gestricktes verbinden

Beim Verbinden von 2 glatt rechts gestrickten Teilen, werden jeweils 2 übereinanderliegende Querfäden gleichzeitig aufgefasst.

1 Um die Naht vorzubereiten, sticht man zunachst mit der Nadel in die vorige Austrittsstelle des rechten Teils ein, führt die Nadel entlang der Maschensäule, fasst den nächsten Querfaden über der Einstichstelle auf und zieht den Faden durch.

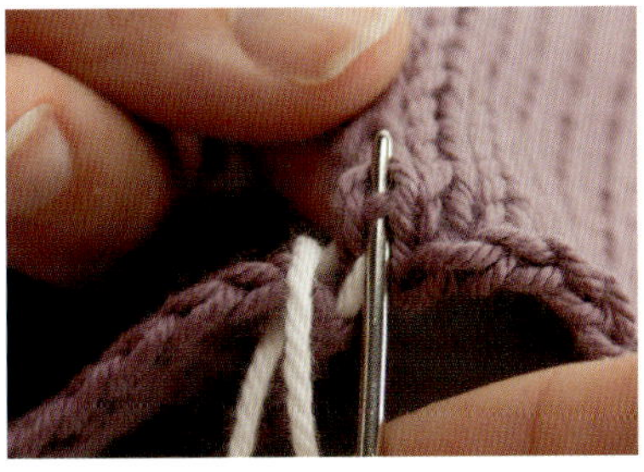

2 In die vorige Austrittstelle des linken Strickteils einstechen, die Nadel entlang der Maschensäule führen, die beiden nächsten Querfäden über der Einstichstelle auffassen und den Faden durchziehen.

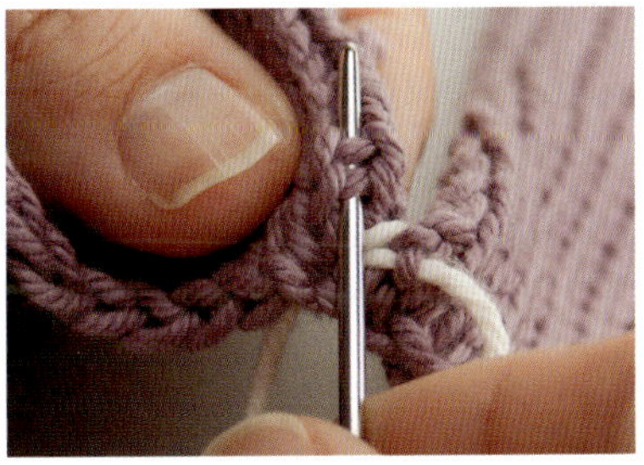

3 In die vorige Austrittstelle des rechten Strickteils einstechen, die Nadel entlang der Maschensäule führen, die beiden nächsten Querfäden über der Einstichstelle auffassen und den Faden durchziehen.

Die Schritte 2 und 3 fortlaufend wiederholen und so abwechselnd das linke mit dem rechten Strickteil jeweils über eine Höhe von 2 Querfäden miteinander verbinden.

Der Nähfaden wird dabei so fest angezogen, dass die Maschensäulen der ersten Mustermaschen beider Teile aneinanderstoßen und die Naht auf der Vorderseite unsichtbar wird. Die Fadenspannung des Nähfadens stimmt, wenn sich die Naht auch bei leichtem Auseinanderziehen beider Strickteile nicht zeigt. Wird der Faden dagegen zu stark angezogen, wird die Naht hart und zieht das Strickteil schlimmstenfalls sogar zusammen.

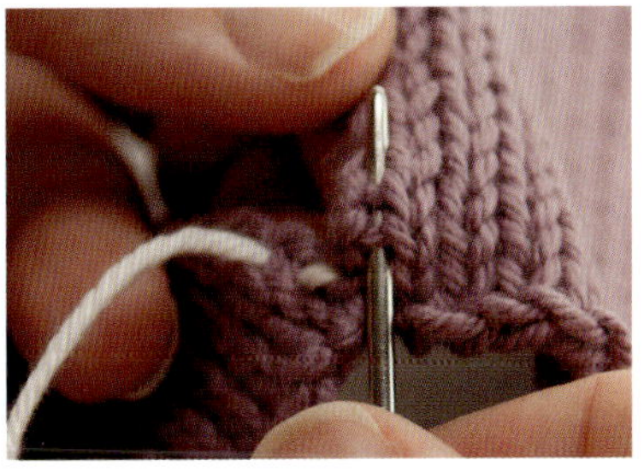

Glatt links Gestricktes verbinden

Um 2 glatt links gestrickte Teile zusammenzunähen, werden beide unteren Randmaschen in Form einer 8 miteinander verbunden. Damit sich die Naht in das Maschenbild einpasst, darf der Matratzenstich aber nur über je 1 Querfaden ausgeführt werden.

Immer abwechselnd vom gegenüberliegenden Teil jeweils 1 Querfaden über der Austrittstelle des Fadens auffassen und das Garn durchziehen.

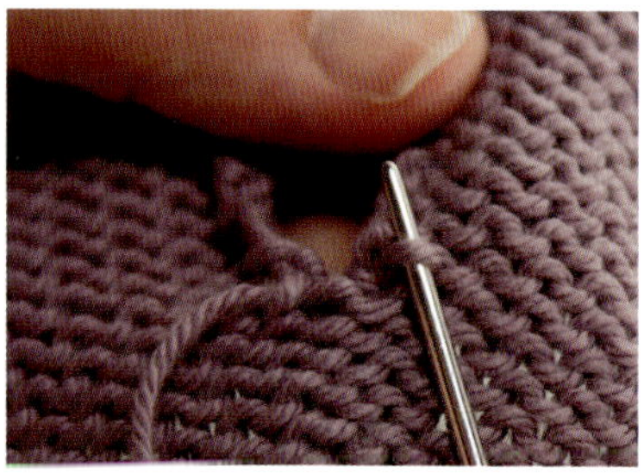

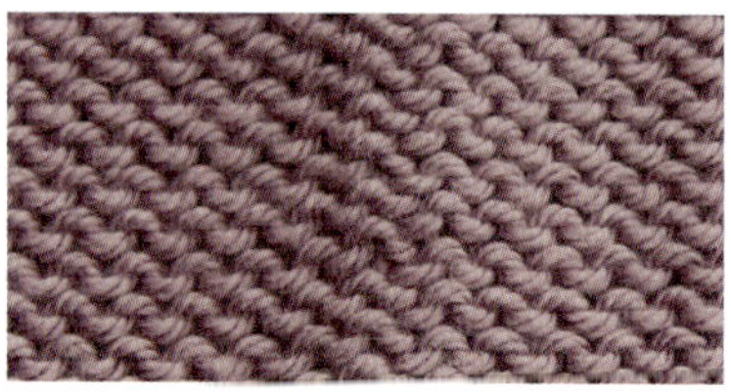

Kraus rechts Gestricktes verbinden

Sollen 2 kraus rechts gestrickte Strickteile aneinandergenäht werden, arbeitet man die Randmaschen ebenfalls kraus rechts.

Beide unteren Randmaschen zunächst wieder in Form einer 8 miteinander verbinden.

Anschließend immer abwechselnd vom gegenüberliegenden Teil jeweils 1 Querfaden der ersten krausen Rippe über der Austrittstelle des Fadens auffassen und das Garn durchziehen.

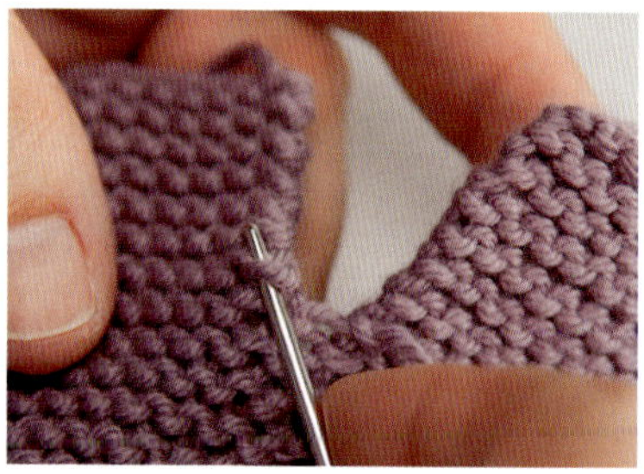

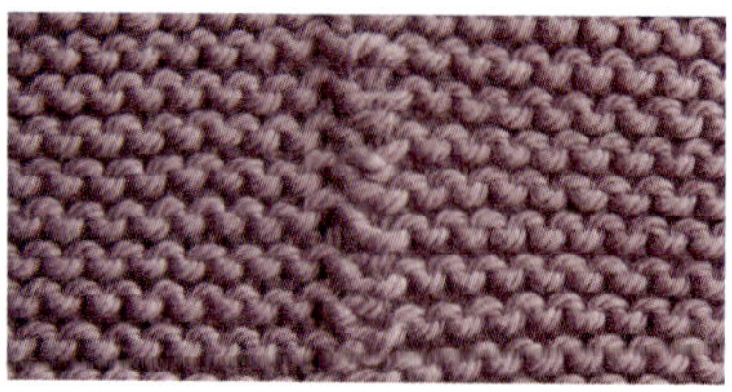

Vorsicht, Versatz! Wichtig ist, dass man zunächst an einem der beiden Strickteile nur 1 Querfaden aufnimmt und erst beim 2. Strickteil mit dem Auffassen von 2 Querfäden beginnt. Lässt man diesen Schritt aus, stellt man fest, dass beide Teile später um genau 1 Maschenreihe versetzt aneinanderstoßen. Besonders auffällig wird dieser Versatz bei Farbmustern oder waagerechten Streifen.

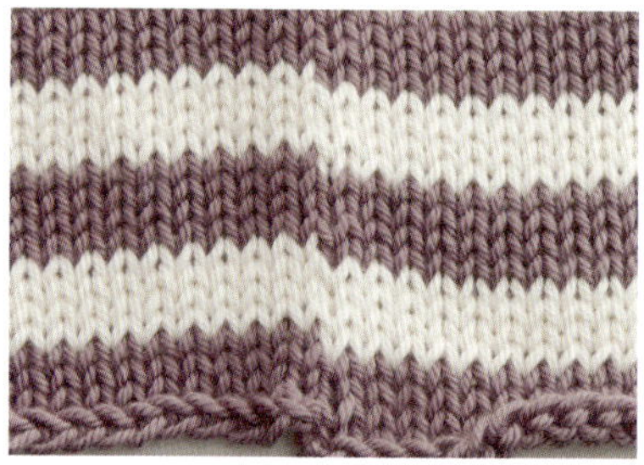

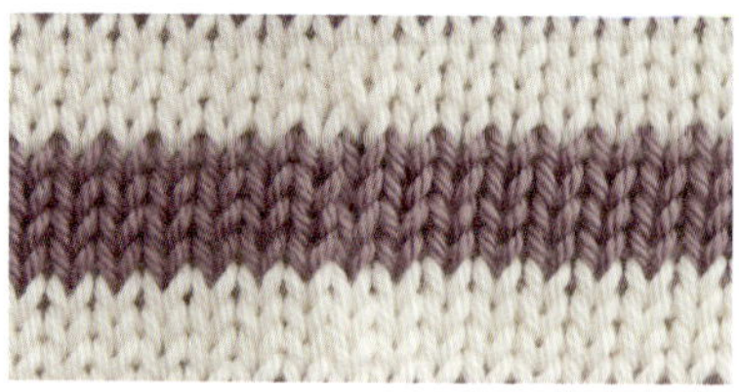

FÄDEN VERNÄHEN

Fadenende am Strickrand vernähen

Werden zwei Strickteile zusammengenäht, lassen sich die Fadenenden leicht in den Randmaschen sichern. Dazu zunächst die Naht schließen. Das Fadenende in eine Stopfnadel mit Spitze einfädeln und senkrecht ca. 3–5 cm lang in den Randmaschen vernähen, eine Masche überspringen und durch die gleichen Maschen noch einmal zurückgehen. Das Garnende dicht am Gestrick abschneiden.

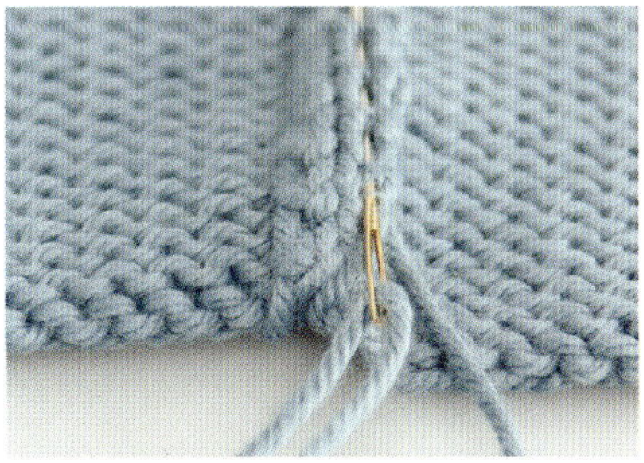

An offenen Strickrändern, die nicht in einer Naht verschwinden, müssen die Fadenenden unsichtbar gesichert werden. Das Fadenende mit einer Wollnadel über einige Maschen entlang der schmalen Seitenkante der Randmaschen einweben. Die letzte Masche überspringen und wieder durch die Maschen zurücknähen. Das übrige Garnende dicht am Gestrick abschneiden.

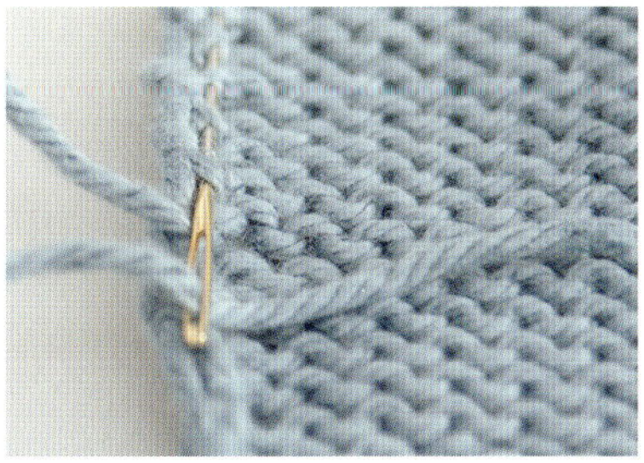

Fadenende innerhalb einer Reihe oder Runde vernähen

Um ein Fadenende auf der Rück- oder Innenseite eines Strickstücks **waagerecht** zu vernähen, muss der Faden durch das Garn der bestehenden Maschen gezogen werden. Ein Durchstechen zur Vorderseite sollte man auf jeden Fall vermeiden.

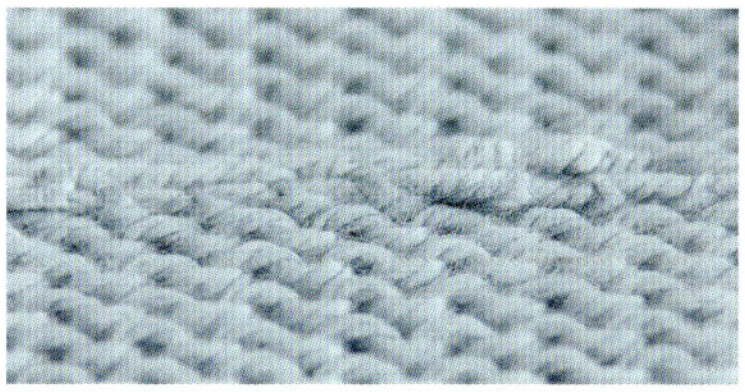

Das **Vernähen im Zickzack** bietet sich für fest Gestricktes an und erhält die Elastizität an der vernähten Stelle. Bei locker Gestricktem oder an Stellen, die beim Tragen gedehnt werden, kann der Faden aber leicht durch das Maschenbild durchscheinen. Insbesondere für das Vernähen eines Fadens in einer Kontrastfarbe bietet es sich dann an, das Fadenende auf der Rückseite durch einzelne Fäden der Maschen zu ziehen. Vor dem Wenden wieder eine Masche auslassen und noch einmal über dieselbe Stelle zurücknähen.

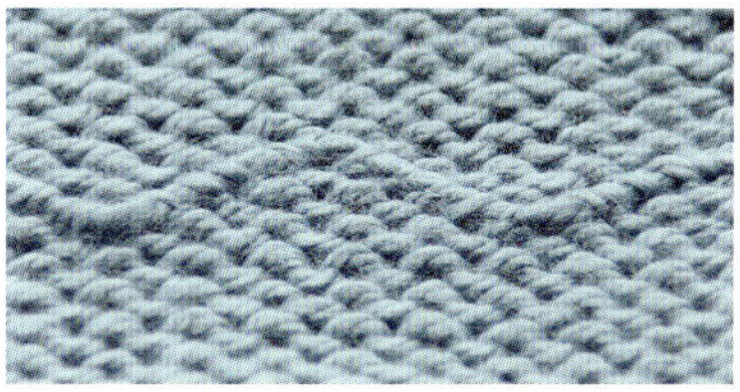

SOCKEN STRICKEN

Maschen anschlagen und Verteilen der Maschen auf den Spielnadeln

Prinzipiell können alle Maschen zunächst auf einer Nadel angeschlagen und anschließend durch einfaches Abheben auf ein Nadelspiel oder Rundstricknadeln verteilt werden. Da die Anschlagkante noch sehr instabil ist, ist das ein schwieriger Arbeitsgang. Hebt man zudem die Maschen vom Arbeitsfaden ausgehend auf, transportiert man dabei den unteren Faden Stück für Stück in Richtung Anschlagende und vergrößert dort die Maschen.

Die Technik des Kreuzanschlags bietet dagegen die Möglichkeit, die Maschen gleich in der passenden Verteilung direkt auf jeder der benötigten Spiel- oder Rundstricknadeln anzuschlagen.

Dazu schlägt man auf der 1. Nadel die gewünschte Maschenzahl an und lässt die Nadel einfach hängen, während man beide Fadenenden weiterhin in der linken Hand hält. Mit der nächsten Nadel setzt man den Maschenanschlag fort und achtet besonders bei der 1. Masche darauf, den Arbeitsfaden gut anzuziehen. Auf diese Weise lassen sich alle Maschen gleich auf den 4 Spielnadeln bzw. den beiden Rundstricknadeln anschlagen.

Der Rundenschluss geschieht dann mit der 1. Masche der 1. Runde. Dazu sollte man sorgfältig prüfen, ob sich die Anschlagkante nicht verdreht hat. Eine verdrehte Anschlagkante lässt sich nachträglich nicht mehr korrigieren und muss aufgezogen werden.

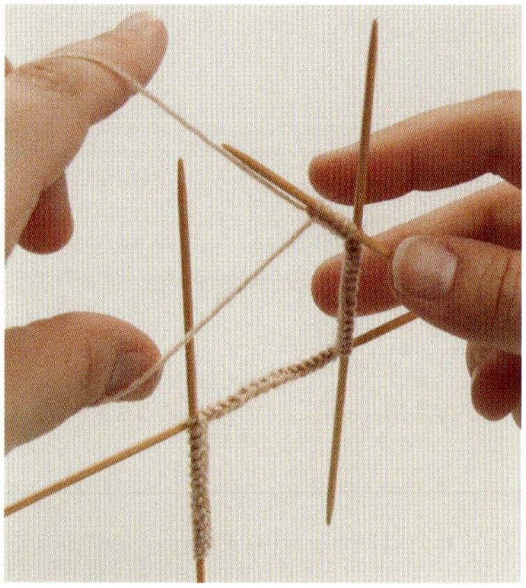

SOCKENTABELLE FÜR 4-FÄDIGES SOCKENGARN

Lauflänge 210 m/50 g; 30 Maschen x 42 Reihen = 10 cm x 10 cm

Größe	24/25	26/27	28/29	30/31	32/33	34/35	36/37	38/39	40/41
Maschenanschlag									
Maschenzahl gesamt	48	48	52	52	56	56	60	60	64
Maschenzahl pro Spielnadel	12	12	13	13	14	14	15	15	16
Maschenzahl pro Rundstricknadel	24	24	26	26	28	28	30	30	32
Mascheneinteilung für das Käppchen									
Fersenmaschen vor dem Käppchen	24	24	26	26	28	28	30	30	32
Käppcheneinteilung	8/8/8	8/8/8	8/10/8	8/10/8	9/10/9	9/10/9	10/10/10	10/10/10	10/12/10
Fersenmaschen nach dem Käppchen	8	8	10	10	10	10	10	10	10
Maschenaufnahme aus Fersenwand	12	12	13	13	14	14	15	15	16
Spickelabnahmen pro Seite	4	4	5	5	5	5	5	5	5
Fußlänge bis Spitzenbeginn									
Fersenmitte bis Spitzenbeginn in cm	13,0	14,0	15,0	16,5	17,0	18,5	19,5	20,5	21,5
Abnahmeschema für die Bandspitze									
	Abnahmerunde nach der 1. Abnahme wiederholen								
Nach 3 weiteren Zwischenrunden							1x	1x	1x
Nach 2 weiteren Zwischenrunden	1x	1x	2x	2x	2x	2x	2x	2x	2x
Nach 1 weiteren Zwischenrunde	3x	3x	3x	3x	3x	3x	3x	3x	3x
Ohne Zwischenrunde	5x	5x	5x	5x	6x	6x	6x	6x	7x

KÄPPCHENFERSE

Die dreiteilige Käppchenferse ist ein Klassiker und die meistgestrickte Ferse vieler Generationen. Besonders von Vorteil sind ihre leichte Arbeitsweise und die gute Möglichkeit, eine Verstärkung einzuarbeiten.

Nach der letzten halben Hinreihe der Fersenwand befindet man sich in der Fersenmitte genau über dem Rundenwechsel. Die Fersenmaschen werden in drei Teile eingeteilt, zwei gleichgroße Seitenteile und ein Mittelteil. Ist die Maschenzahl nicht durch 3 teilbar, wird der Rest dem Mittelteil zugegeben.

1. Reihe (halbe Hinreihe): Glatt rechts stricken, dabei die letzte Masche des Mittelteils abheben, die 1. Masche des Seitenteils abheben, beide rechts zusammenstricken und wenden.

2. Reihe (Rückreihe): Die 1. Masche abheben, die Maschen des Mittelteils links stricken, dabei die letzte Masche des Mittelteils mit der 1. Masche des Seitenteils links zusammenstricken und wenden.

3. Reihe (Hinreihe): Die 1. Masche abheben, die Maschen des Mittelteils rechts stricken, dabei die letzte Masche des Mittelteils und die 1. Masche des Seitenteils nacheinander rechts abheben, beide rechts zusammenstricken und wenden.

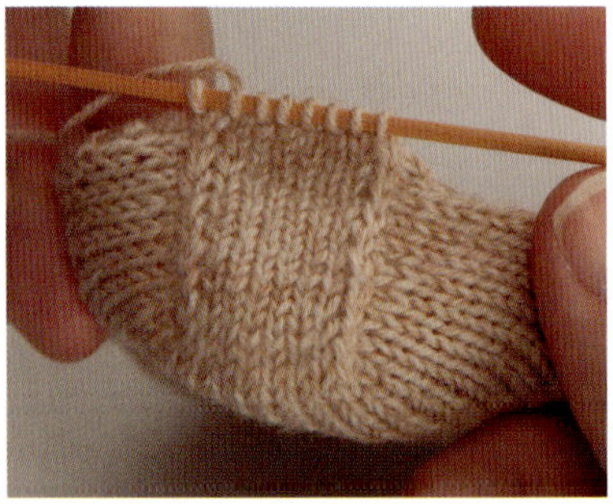

Die 2. und 3. Reihe so oft wiederholen, bis alle Maschen der Seitenteile eingearbeitet sind, dabei die letzte Hinreihe nur als halbe Reihe bis zur Fersenmitte arbeiten.

Spickel

Um den Fuß wieder in Runden arbeiten zu können, müssen aus beiden Seiten der Fersenwand neue Maschen aufgefasst werden. Arbeitet man mit einem Nadelspiel, nimmt man dazu eine freie Spielnadel, die wieder als 1. Nadel bezeichnet wird. Arbeitet man mit 2 Rundstricknadeln, werden die neuen Maschen aus der Fersenwand weiter mit der Nadel gearbeitet, auf der auch die übrigen Fersenmaschen liegen.

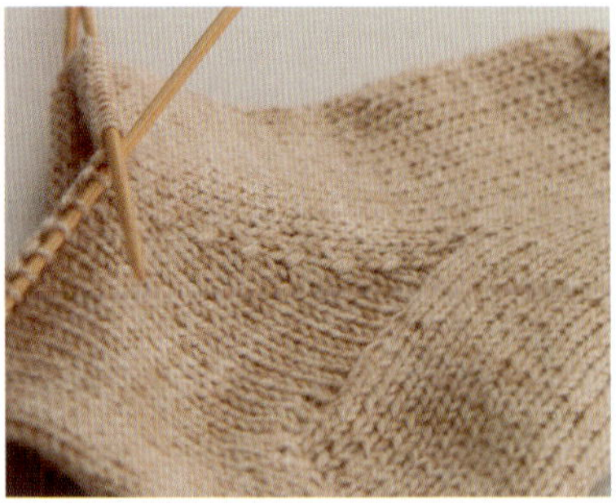

Fußlänge

Für Fuß und Sohle wieder über alle Maschen ohne weitere Abnahmen in Runden arbeiten, bis die erforderliche Länge erreicht ist, in der die Socke mit der Spitze geschlossen werden soll.

BANDSPITZE

Nachdem die passende Fußlänge gearbeitet ist, befindet sich der Arbeitsfaden in der Sohlenmitte am Rundenwechsel.

Gestrickt wird glatt rechts in Runden. Um eine gerundete Sockenspitze auszuformen, arbeitet man Abnahmerunden, die nach einem Abnahmeschema in immer dichter aufeinanderfolgenden Abständen wiederholt werden.

ABNAHMERUNDE

Mit der 1. Spielnadel bis zu den letzten 3 Maschen, mit der 1. Rundstricknadel bis zu den letzten 3 Maschen vor der Markierung rechts stricken, 2 Maschen rechts zusammenstricken und 1 Masche rechts stricken.

Mit der 2. Spielnadel oder den weiteren Maschen der 1. Rundstricknadel 1 Masche rechts stricken, 2 Maschen nacheinander rechts abheben und rechts zusammenstricken und bis zum Nadelende rechts stricken.

Mit der 3. Spielnadel bis zu den letzten 3 Maschen, mit der 2. Rundstricknadel bis zu den letzten 3 Maschen vor der Markierung rechts stricken, 2 Maschen rechts zusammenstricken, 1 Masche rechts stricken.

Mit der 4. Spielnadel oder den weiteren Maschen der 2. Rundstricknadel 1 Masche rechts stricken, 2 Maschen nacheinander rechts abheben und rechts zusammenstricken und bis zum Nadelende rechts stricken.

Weiter glatt rechts in Runden ohne Abnahmen arbeiten, bis nach dem in der Tabelle angegebenen Abnahmeschema eine weitere Abnahmerunde ansteht.

Nach der letzten Abnahmerunde sind noch insgesamt 8 Maschen auf den Nadeln. Den Arbeitsfaden in ca. 20 cm Länge abschneiden, in eine Wollnadel fädeln und ringsum in Strickrichtung 2x durch alle restlichen Maschen ziehen. Alle Fäden von innen gut vernähen.

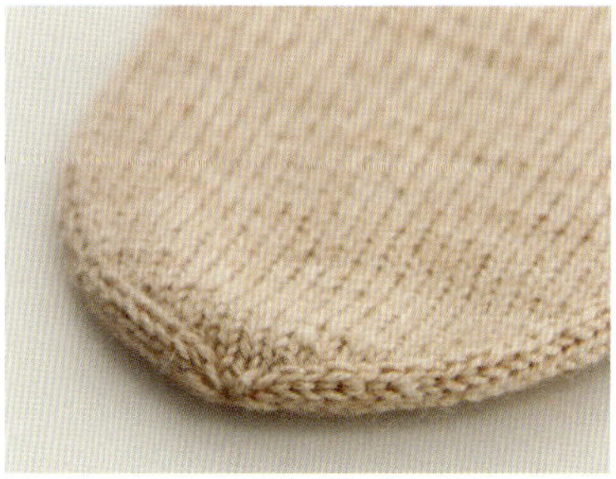

BUCHEMPFEHLUNGEN FÜR DICH

Noch mehr kreative Bücher zum gleichen Thema gesucht?

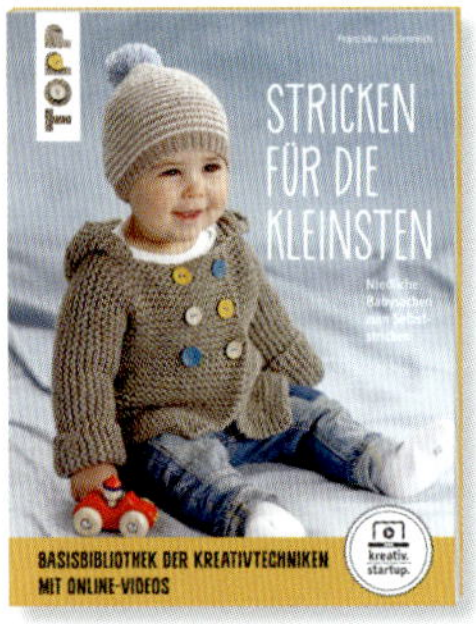

ISBN 978-3-7724-8198-7

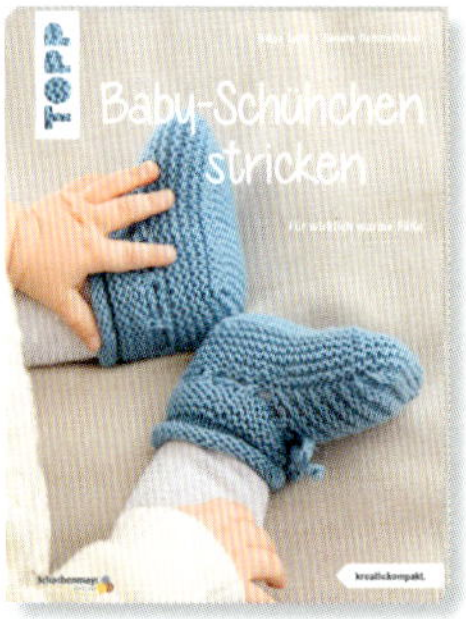

ISBN 978-3-7724-6838-4

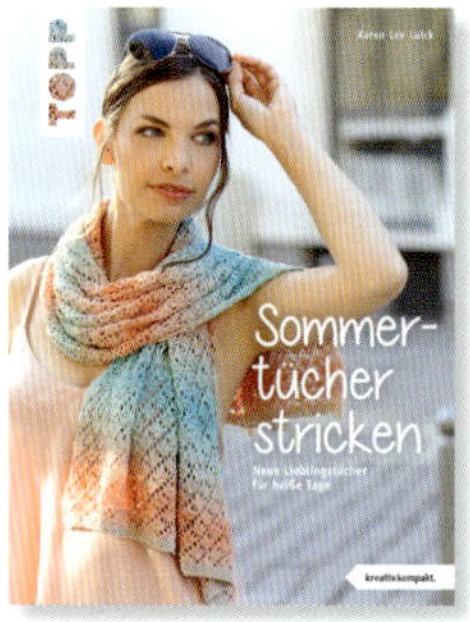

ISBN 978-3-7724-6834-6

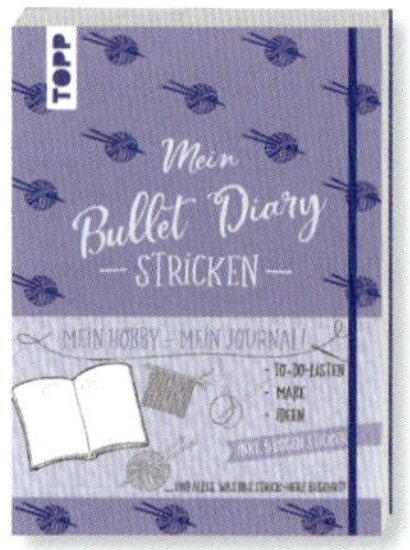

ISBN 978-3-7724-4829-4

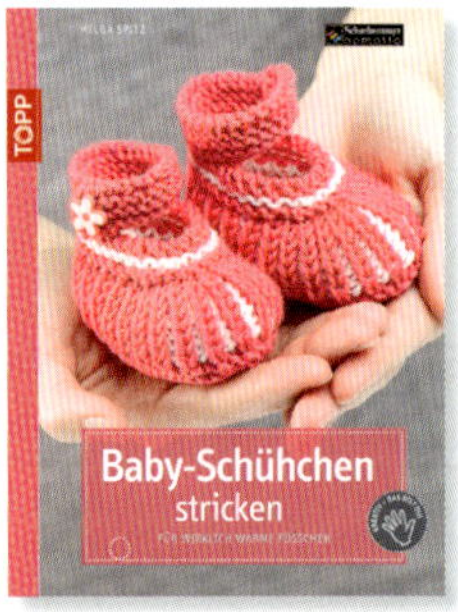

ISBN 978-3-7724-6658-8

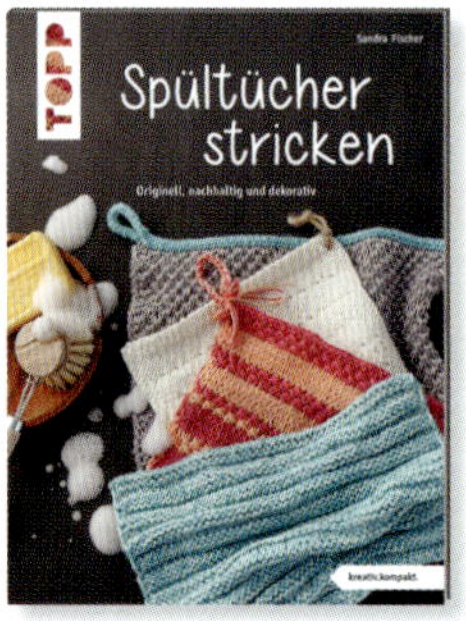

ISBN 978-3-7724-6846-9

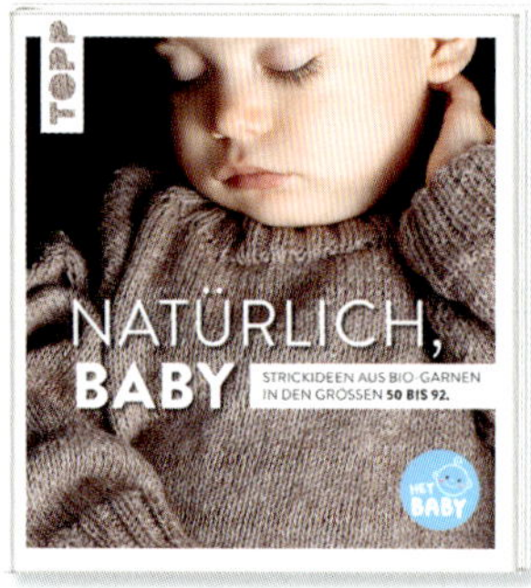

ISBN 978-3-7724-4825-6

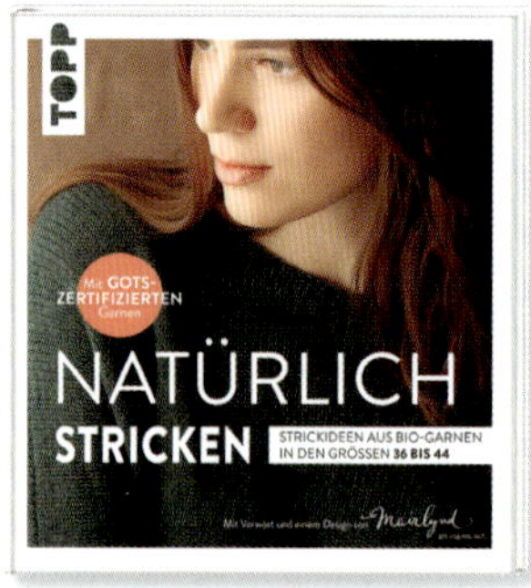

ISBN 978-3-7724-4845-4

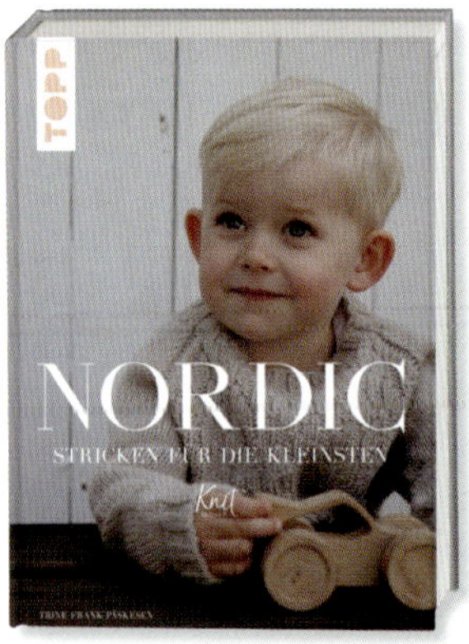

ISBN 978-3-7724-8163-5

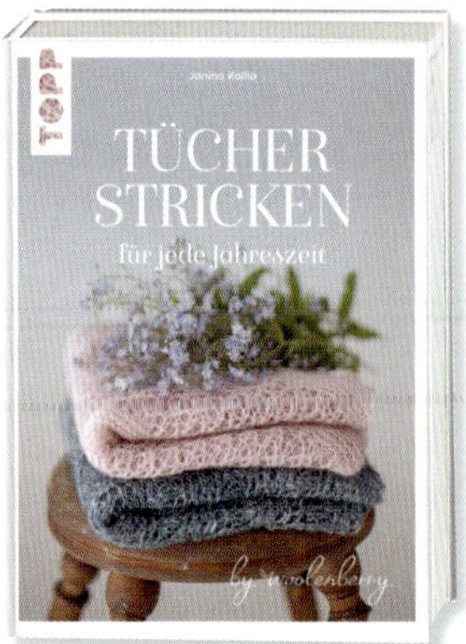

ISBN 978-3-7724-4814-0

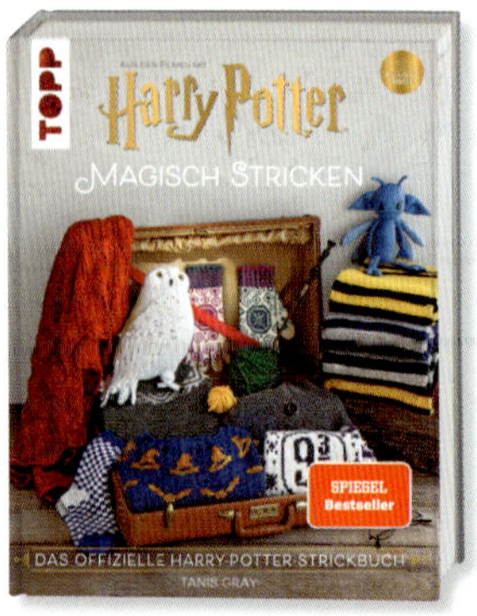

ISBN 978-3-7724-4830-0

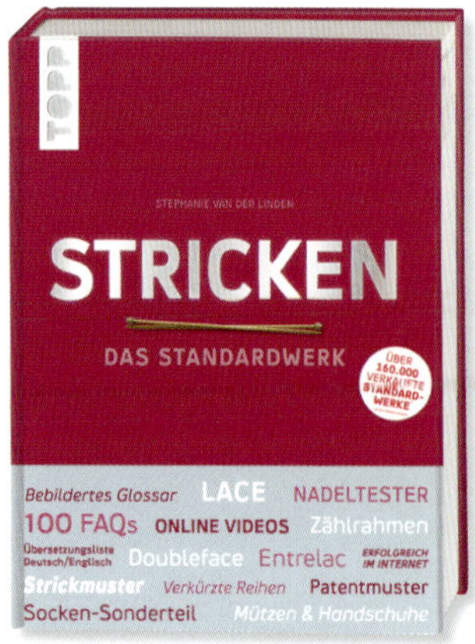

ISBN 978-3-7724-8122-2

Noch mehr Kreativ-Bücher findest du auf www.TOPP-kreativ.de

#TOPPPROJEKT

Die eigene Kreativität zeigen: TOPPprojekt mit anderen Kreativen teilen und Teil der Gemeinschaft werden.

DIY-begeistert und auf Instagram? Dann unbedingt mitmachen! Hier gibt's Tipps und Feedback zu den eigenen Projekten. Außerdem verlosen wir jeden Monat ein Überraschungspaket. Um am Gewinnspiel teilzunehmen, einfach ein Bild vom Kreativ-Projekt aus unseren Büchern mit #TOPPprojekt posten und unserem Account @frechverlag folgen. Mehr Infos auf TOPP-kreativ.de/TOPPprojekt

Mach mit beim

#TOPPprojekt

#TOPPprojekt
@frechverlag

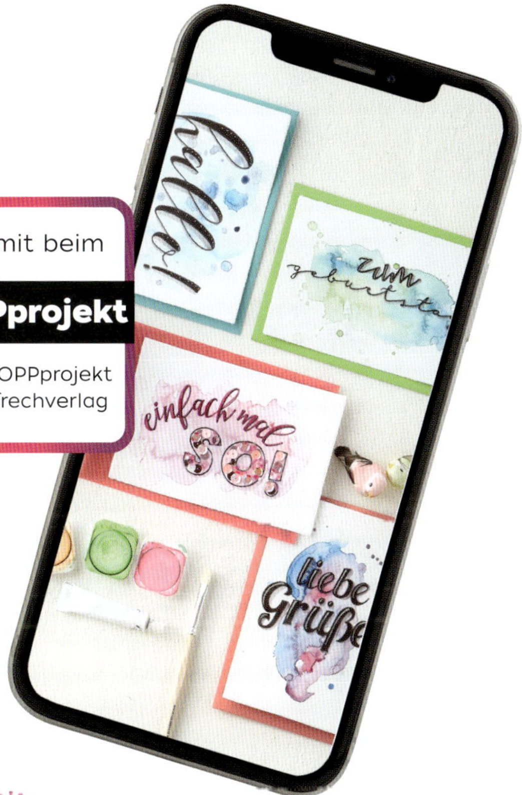

Webseite

Auf TOPP-kreativ.de gibt es ein riesiges Angebot von über 1.000 Kreativbüchern, Sets und mehr zu entdecken.

Newsletter

Immer als Erstes von unseren Neuheiten und Sonderaktionen erfahren: TOPP-kreativ.de/newsletter

Instagram

@frechverlag

Pinterest

pinterest.com/frechverlag

Facebook

facebook.com/frechverlag

DigiBib

Hier gibt es zusätzlich zu einigen unserer Bücher digitale Extras, wie Video-Tutorials, Plotter-Dateien, Vorlagen, Übungsblätter und vieles mehr. Einfach im Impressum eines TOPP-Buchs nachschauen, ob dort ein Code vorhanden ist, und exklusive Inhalte freischalten. TOPP-kreativ.de/digibib

Youtube

youtube.com/frechverlag

Hilfestellung zu allen Fragen, die Materialien und Bücher zu kreativen Hobbys betreffen:
Frau Erika Noll berät Sie. Rufen Sie an oder schreiben Sie eine E-Mail!
Telefon: 0 50 52 / 12 37 57 20* *normale Telefongebühren
E-Mail: mail@kreativ-service.info

Wir danken folgende Firmen für die Bereitstellung von Garnen:
BC Garn Kremke Handelsgesellschaft mbH, Buttinette GmbH, Lana Grossa GmbH, MEZ GmbH, Union Knopf GmbH

FOTOS: frechverlag GmbH, 70499 Stuttgart; lichtpunkt, Michael Ruder, Stuttgart

ILLUSTRATIONEN: Tascha Pitz, St. Leon Rot

PRODUKTMANAGEMENT: Katrin Akyol, Claudia Mack

LEKTORAT: Petra Puster, Niederpöcking

LAYOUT UND GESTALTUNG: Petra Theilfarth

DRUCK UND BINDUNG: Livonia Print SIA, Lettland

2. Auflage 2021

ISBN 978-3-7724-4842-3 · Best.-Nr. 4842

ABKÜRZUNGEN

anschl = anschlagen
arb = arbeiten
Fb = Farbe(n)
Hinr = Hinreihe(n)
Km = Kettmasche(n)
LL = Lauflänge
M = Masche(n)
Nd = Nadel(n)
Ndspiel = Nadelspiel
R = Reihe(n)
Rd = Runde(n)
Rdm = Randmasche(n)
Rückr = Rückreihe(n)
Rundstricknd = Rundstricknadel(n)
str = stricken
U = Umschlag
wdh = wiederholen